# 東京発　半日徒歩旅行
# 調子に乗ってもう一周!

まだまだある!
朝寝した休日でもたっぷり楽しめる東京近郊「超」小さな旅

佐藤徹也

ヤマケイ新書

# まえがき

2018年の暮れに出版した『東京発　半日徒歩旅行』は御好評をいただき、おかげで今回続編ともいえる本書を上梓することになった。もともとは地図を眺めたり本を読んだりして、「ここはいったいどうなってるんだろう？」と好奇心の赴くままに歩きまわっていたのが前著のベースだった。なので「こんな一貫性のない興味の方向性を、自分以外におもしろがってくれる人なんているんだろうか」という不安も少なからずあったのだが、世間には意外とそういう人が存在したようで、まずはひと安心という次第だった。

そして本書である。「まだ出かける場所、そんなにあるの？」と思われるかもしれないが、これがあるのだ。前著で紹介しきれなかった場所はもちろん、前著の取材中に新たに出会ってしまったスポット、さらには、ここだけは内緒にしておきたかった秘密の場所など……。今回、再び書籍一冊ぶんのスペースをいただけたのをいいことに、そんな場所をすべて実際に歩いて旅をしてきた。

距離的には、前著より若干足を伸ばした場所もあるものの、朝寝した日でも出かけられるというコンセプトは一緒。もちろんひと口に「東京発」といってもその東京も広いので、なかには「オレの住んでる場所からじゃムリ！」ということもあるかもしれないけれど、そんなときは平にご容赦を。

前著に明記はしていなかったが、なるべく新幹線などの優等列車を利用しないでも行ける場所を目指すというのも一緒。普通列車こそお気楽の本道だ。それでも最近は、東京近郊から湘南新宿ラインや上野東京ラインなど、指定や追加料金なしでなおかつスピーディに郊外まで出られる電車が増えたので、これらを活用することで半日徒歩旅行のフィールドはさらに広がった。

もうひとつ。なるべく事前予約等が必要ない場所を目指すのも本書の小さなお約束。要予約では、なかなか思いつきひとつでは出かけられないというのがその理由だ。

そんなことをベースに考えながら新たに歩いてきた今回の48コース。相も変わらず興味の方向性はバラバラだけれど、そんななかのいくつかでも「なんだこれっ!?」とおもしろがってもらえれば、とてもうれしいです。

# 目次

## 第4章　唯一の「村」を徒歩旅行

## 第5章　里山を徘徊する徒歩旅行

## 第6章　水辺に沿って徒歩旅行

## 第7章　旧道・旧線を辿る徒歩旅行

アートディレクション・
デザイン・イラスト
吉池康二（アトズ）

写真・編集
佐藤徹也
稲葉 豊（山と溪谷社）

# 第1章 歴史と遊ぶ徒歩旅行

不思議な伝承、近代の発展、そして未来へと引き継がれる新しい物語。さまざまな土地に息づく歴史を歩いて体感してみよう。

諏訪大社の下社春宮に屹立する御柱。柱を建てる「建御柱」は7年に一度行われ、そのときは長さ18m、重さ13tもあるモミの木を、コロもソリも使わず人力だけで10kmの道のりを曳き出す

# 佐倉とオランダ風車《さくらとおらんだふうしゃ》

## 武家屋敷を抜けて歴史民俗博物館へ、そして車窓からいつか眺めたあの風車

千葉県

　ずっと不思議だった。成田空港に向かう電車の窓から見えるあの風車。遠目に見ても本格的に造られていて、いわゆる「なんちゃって系」とは一線を画すようだ。でも、なんでこんなところに風車が。生まれて初めて日本を訪れたオランダ人青年が、空港からの途上でこれを見たら、「オー、ワタシハイマドコニイルノデスカー？」なんて混乱してしまわないかと、余計な心配までもしたものだ。そろそろその疑問を解決してもいいころだろう。あの風車を目指して歩いていこう。

　地図で調べてみると、風車があるのは千葉県の佐倉市。おお、佐倉といえば、千葉県民以外の人にとって「佐倉と佐原、どっちがどっち？」問題で頭を悩ませる、あの場所だ。しかも15年ほど前には、栃木県に「さくら市」という市まで誕生してさらにややこしくな

武家屋敷の内部は、当時のままの様子が保たれている。長押（なげし）の上に掛けられている槍は、時代劇なんかで家の主人が「曲者！」と、天井に潜む忍者をあぶり出すときに使うものか

った。その混乱もこれで解決だ。

京成佐倉駅を下りると、駅前には不規則に車道が延びていた。区画整理がなされず、昔のままの道筋が今も続いているようだ。こういう町は期待が持てる。駅前から延びる道を南に行けば、案の定、ポツリポツリと歴史を感じさせる住居がそのまま残されている。

途中、何度か右に左にと曲がりながら、やがて入り込んだのは周囲を閑静な住宅に囲まれたまっすぐに延びる道。この通りには、江戸時代の武家屋敷がいくつか移築復元されている。つまり佐倉は佐倉城を中心として発展した城下町なのだった。

江戸時代からほとんど変わらぬ景観を残しているという「ひよどり坂」。周囲は竹林に囲まれて風情豊か。坂の上からは、今にも編み笠をかぶったお侍さんが下ってきそう

そのなかのいくつかは公開もされていたのでのぞいてみれば、座敷や居間、土間、厠、湯殿など、当時の暮らしが偲ばれる。解説によると武家屋敷を所有しているのは藩で、それを藩士に貸し与えていたのだとか。参勤交代による江戸勤番もあったので、そんなことも関係しているのだろう。

屋敷の規模にもいろいろあるのもおもしろいところで、現代の会社員でも、新入社員寮と役職者が転勤時に住む家とでは、レベルが全然違うのと同じようなものだろう。なかには屋敷の裏庭でウメやクリなど食べられる植物を育てていたり、生け垣をお茶の木にしたりといった様子

も再現されていて、武士の生活もなかなか楽ではなかったようだ。

この道はやがて「ひよどり坂」と呼ばれる、当時からほとんど変わっていないという竹林を下る坂道に繋がっていて気分も高揚する。坂の先を目指せば、城下町の中心だった佐倉城の城址公園に至る。園内には土塁や堀といった遺構が残り、たくさんのサクラが植えられていた。

城址公園と並ぶ形で建っているのが国立歴史民俗博物館、通称『歴博』だ。ここは正直いって、半日徒歩旅行のくくりではとうてい収まりきれないほど濃密な博物館。先史時代から現代に至るまでの歴史はもちろん、人々の暮らしや風

国立歴史民俗博物館では、時代ごとに6ブロックに分けて展示が行われている。写真は、第6展示室に再現された1930年代の浅草や上野をモデルにした風景。体感型展示が多いのも「歴博」の特徴だ

俗に関するものまで膨大な展示物を誇る。博物館名が英語では「National Museum of Japanese History」なのに、日本語になると「民俗」とつくのも納得だ。全部しっかり見ようと思ったら、半日はおろか一日がかりでも難しいだろう。時代ごとに展示室が大きく分けられているので、あらかじめ狙いを定めて、そこを集中的に観てまわったほうがいいかもしれない。

歴博を出たら、いよいよ本来の目的である風車へ。坂道を下って鹿島川を渡ると、川沿いに砂利道が延びているのでそこへ入る。周囲は田園と川、そしてやがて印旛沼。水辺ではおじさんたちはヘラブナ釣り、若者はバス釣りに興じている。どちらも高度に専門化された釣りだ。そのいっぽう、ひと昔前ならお馴染みだった、ありあわせの釣り道具でなんでもいいから釣りたいという子どもたちの姿をすっかり見なくなったのがちょっと淋しい。

印旛沼沿いの道を歩きつつようやく到着した風車は、やはり車窓から眺めていたイメージ同様本格的なもの。この風車は佐倉市の市制施行40周年を記念して建てられたもので、ほとんどのパーツをオランダで制作、日本で組み立てたそうだ。足元に立って見上げれば、直径27・5mの4枚羽根はなかなかの迫力だ。思っていた「なんでオランダなの?」という疑問も解明。江戸時代、実は佐倉の町は長崎と並んで蘭学が盛んな土地だったのだった。

いつも車窓から眺めていたオランダ風車。近くまで来て見上げてみれば、その姿は威風堂々。足元には跳ね橋も再現されていた。例年7月の中ごろには、周囲一面をヒマワリの花が咲き誇るそうだ

いつも遠くから眺めていたものを間近でふれて納得満足。さあここまで来たら佐倉駅に戻るよりも、隣りの臼井駅のほうが近いだろう。沈みかける夕陽に照らされながら、線路沿いを歩いていった。

**DATA**

**⦿モデルプラン**：京成本線京成佐倉駅→武家屋敷→ひよどり坂→佐倉城址公園→国立歴史民俗博物館→オランダ風車→京成本線京成臼井駅
**⦿歩行距離**：約9km
**⦿歩行時間**：約3時間
**⦿アクセス**：起点の京成佐倉駅へは、京成上野駅から京成本線特急で約1時間。終点の京成臼井駅から京成上野駅までは京成本線快速等を乗り継いで約1時間
**⦿立ち寄りスポット情報**：武家屋敷＝佐倉市宮小路町57。℡043-486-2947。9:00～17:00。月曜(祝日の場合翌日)、年末年始休。一般210円。佐倉城址公園＝千葉県佐倉市城内町。℡043-484-0679。国立歴史民俗博物館＝佐倉市城内町117。℡03-5777-8600。9:30～17:00(10～2月は～16:30)。月曜(祝日の場合翌日)、年末年始休。一般600円

# 鬼平江戸処とさいたま水族館

## 『鬼平犯科帳』と県魚「ムサシトミヨ」、埼玉県でシュールな出会いを楽しむ

おにへいえどどころと さいたますいぞくかん

**埼玉県**

『鬼平江戸処』は、２０１３（平成25）年に東北自動車道羽生ＰＡにオープンした商業施設だ。鬼平といえばもちろん池波正太郎の小説『鬼平犯科帳』の主人公、長谷川平蔵。つまりここは、鬼平が江戸を闊歩していた時代の世界感を表現したＰＡなのだ。僕が『鬼平犯科帳』を読了したのはずいぶん大人になってからと、本格的ファンからみたらニワカもいいところだが、ニワカだからこそこういう場所を訪ねてみたいニワカ心もあるわけだ。

しかしオープン当初、ここにはクルマでしか行けなかった。高速道路の付帯施設なので、しかたがないといえばそれまでだが、クルマを運転しない僕にとってこれはなかなかのハードルだ。仕事などで知人のクルマの助手席でここを通ることはあっても、運転もしない人間が「ちょっと寄って！」とはいかにもいいにくい。まもなく都心突入というときに寄

羽生駅から「鬼平江戸処」を目指して歩く。交通量の多い車道を避け、一本外れた道を歩いていくと、周囲には田園風景が広がりなんとものどか。用水路には水が豊富に流れていた

り道して、結果渋滞に巻き込まれたりしたら車内の空気は最悪である。

ところが。いつのまにか徒歩でも入れるようになったのである。当初からそういう予定だったのか、近所の人から「入れさせてくれ」とクレームが入ったのかは不明だが、ならば歩いて行こうじゃないか。

起点は東武伊勢崎線、または秩父鉄道の羽生駅。東口を出たら東北道を目指してひたすら東へ。駅前からは東へ延びる車道があるのでこれを辿るのが簡単だが、車道歩きばかりでは楽しくない。途中からなるべく方向がずれぬように細い道を辿る。一本入ってしまえば田園が広がり、用水路が縦横に流れる。田んぼの向こうは利根川。水が豊かなはずだ。

やがて前方に東北道を視認できたら、地図を見つつ無事PAに到着。高速道路のPAを外側から眺めるのはたぶん初めて。周囲は相変わらずの田園風景なのだが、従業員用の駐車場がいくつも設けられている。そうか、従業員は下道でやってくるんだな。

さて、いよいよ鬼平江戸処へと勇んだのだが、なかなか入口が見つからない。外周をウロウロしつつ、ようやく出入りの業者さんに教えていただいた小さな扉を開いてなかへ。しかしそこには通常のPAと変わらない風景が広がるばかり。ポカンとしつつも、スイーツ売り場のおばちゃんに尋ねてみると、「鬼平は上りPAですよ」。

……。恥ずかしい。いや上り側だとは知っていたのに、いざ到着するや舞い上がって、近いほうに入ってしまったのだった。

あらためて、アンダーパスで反対側に渡ってようやく鬼平江戸処へ。こちらは竹塀と瓦屋根のいかにもな入口に迎えられる。そりゃあそうだよね。内部の建物は江戸の町人文化が開花した文化文政時代をモチーフにしているそうで、想像以上の完成度だ。木材や瓦、漆喰などを多用し、さらには経年劣化を再現したエイジング加工も施されている。

そうはいってもここはPA。内部は飲食店やお土産物屋がずらりと並ぶ。興味

「笹や」というのは原作にも登場する茶店。ここを営むお熊ばあさんは、平蔵が若いころからの顔なじみでよき協力者。平蔵が頭の上がらない数少ない存在でもある。そんな茶屋が総自販機に！

「鬼平江戸処」の目抜き通りは建物の経年劣化も再現され、かなりの仕上がり。高速道路側のみならず、クルマで来訪した人には見えない反対側もしっかり作り込まれているのにこだわりを感じる

深いのは、飲食店の多くが『鬼平犯科帳』に登場した店を模していることで、出される料理もそれに因んでいる。羽生駅から歩いてきたこちらも、いい具合に腹が減っている。どこでなにを食べるか悩んだが、ここはやはり平蔵が作中でたびたび訪れて、密偵たちと酒を酌み交わした軍鶏鍋の店『五鉄』でしょう。

食べるのはもちろん軍鶏鍋定食。たっぷりのネギと山椒が効いた濃いめの醤油出汁に、歯ごたえのある味の濃い軍鶏肉。たしかにこれは燗酒に合いそうだが、PAだけあってアルコール類はいっさいないのだった。

満腹になったところでもうひと歩き。

東北道沿いをやや南下したところにある『さいたま水族館』を目指す。ここは日本でも珍しい、淡水魚に特化した水族館で、イワナなど源流域の魚から、オイカワやフナといったお馴染みの魚が飼育展示されている。

なかでも見逃せないのが、天然記念物に指定され、東京の小石川植物園の池で発見されたことからその名がついたミヤコタナゴや、生息が確認されているのは埼玉県の元荒川源流部のみとなってしまったムサシトミヨだ。オスが水草で小さな巣を作ることで知られるこの魚は「埼玉県の魚」にも選定されている。どちらも興味のない人から見たら、どこにでも

「鬼平江戸処」内の「五鉄」でいただいたのは軍鶏鍋定食。これ以外にも直径2cmもある『一本うどん』など、作中にも登場した鬼平グルメをいろいろと満喫できる

いそうなちっぽけな魚かもしれないが、だからこそ、人知れずいつのまにか姿を消してしまったともいえる。いつか野生で目にする日に備え、その姿をしっかり目に焼きつける。

さいたま水族館まで来れば、本数は少ないものの羽生駅までのシャトルバスもある。今回はこれを利用して旅を終えることにしよう。

水草を利用して営巣することで知られるムサシトミヨ（写真上）と、国の天然記念物に指定されているミヤコタナゴ（写真下）。絶滅が心配される両者も、さいたま水族館ではじっくり観察できる

## DATA

**⦿モデルプラン**：東武伊勢崎線・秩父鉄道羽生駅→鬼平江戸処→さいたま水族館→羽生駅
**⦿歩行距離**：約9km
**⦿歩行時間**：約3時間
**⦿アクセス**：起点の羽生駅へは、東武スカイツリーライン浅草駅から伊勢崎線へ乗り継いで約1時間半。終点のさいたま水族館から羽生駅へは、4～11月の特定土日祝日のみ無料直通バス（詳細はさいたま水族館〈℡048-565-1010〉）、平日は羽生市福祉バスあり（詳細は羽生市役所〈℡048-561-1121〉）。いずれも本数が少ないので要確認
**⦿立ち寄りスポット情報**：鬼平江戸処＝羽生市弥勒字五軒1686。℡048-566-1215。営業時間は店舗により異なる。さいたま水族館＝羽生市三田ヶ谷751-1。9:30～17:00（12、1月は～16:30）。3、5～7、9～11月は第1月曜休。4月は第2月曜休。8月無休。12～2月は月曜休。一般320円

ぶんぶくちゃがまとたてばやし

# 分福茶釜と館林

## 子どものころに読んだ、あのタヌキの故郷と里沼を歩く

群馬県

『分福茶釜』といえば、タヌキが茶釜に化けてひと騒動、という例の昔話だ。実はあの話に出てくるお寺は実在し、その茶釜は今も宝物として拝観できる。そのお寺、茂林寺があるのは群馬県の館林。館林といえば２０１９（令和元）年に「里沼」というキーワードとともに、その沼辺文化が日本遺産に指定されたことが記憶に新しい。となれば、これらの見どころをうまくつないで徒歩旅行を楽しんでみよう。

起点は東武伊勢崎線の茂林寺前駅。そのままズバリの駅名だ。かわいらしい駅舎を出ると、すぐに茂林寺を指示する指導標が現れるので、それにしたがって行けば10分ほどで到着する。途中にはタヌキの飛び出し注意を喚起する交通標識があったので、茶釜に化けるかはともかく、少なくともタヌキは生息しているようだ。

茂林寺の参道には、茶釜に化けたものや酒瓶を抱えたものなど、さまざまなタヌキがずらりと並んで出迎えてくれる。境内には、いわゆる「千畳敷の……」のタヌキも

茂林寺の参道では何軒かの土産物屋が店を開けていて、そこに並ぶのは大小さまざまなタヌキの置物。たしかに店先なんかでよく見るけれど、どんな意味があるのかうかがうと、商売繁盛に御利益ありとのこと。「たぬき」が「他を抜く」に通じるとか。なるほどね。

さて、いざ茂林寺の境内に入れば、そこにもずらりとタヌキの姿。立ち姿から茶釜に化けた姿まで、かれこれ20体以上のタヌキたち。夜間ひとりで歩いたら、ちょっと怖いかも。

山門をくぐるとその先には歴史を感じさせる茅葺きの本堂が現れる。茂林寺は１４２６年に開山されたお寺で、この本

堂の奥に分福茶釜は鎮座しているそうだ。さっそく拝観料を払って、いざ茶釜へ。

靴を脱いで本堂に入ると、堂内を回廊方式で一周するようになっていて、いきなりお参りをしている人の直前を横切る形になり、少し照れくさい。順路にはタヌキやお寺に関する展示物が続き、最後に大御所登場といった体裁で茶釜は現れた。想像よりずっと大きい。容量一斗二升（約21・6ℓ）、重さ三貫（約11kg）というから相当だ。いくらなんでも、タヌキがこんな大きなものに化けるのは物理法則に反していると思ったのだが、そこで分福茶釜の縁起を読んで衝撃が。実はこの茶釜はタヌキが化けたものではないのだ。

もともとの話は、このお寺にお勤めしていた守鶴という老僧が持ってきたのがこの茶釜。いくら湯を汲んでも決して涸れない不思議なものだったそうだ。じゃあタヌキはどうしたとなると、その守鶴自身がタヌキの化けたものだったというお話。綱渡りをしたりという分福茶釜は、明治期にこの話を元に作られた童話なのだった。うーむ。

ちなみにこの周囲の地図を眺めているとき、線路の反対側に「分福町」という地名を発見、てっきり分福というのはここの古い地名なのかと思ったが、聞いてみるとこれも逆。新しくできた新興住宅街が、分福茶釜にあやかって命名したのだとか。ややこしい。

茂林寺を後にして背後にひかえる茂林寺沼へ。ここには周囲1㎞ほどの沼と、その周囲

茂林寺の本堂は今も茅葺き屋根で、周囲の景観にマッチしている。この本堂の右手から入り、堂内をぐるりと一周するようにお参りしたところで、いよいよ茶釜とのご対面だ

には低層湿原が広がり、野鳥や昆虫、魚類の絶好の住処になっている。茂林寺本堂の茅葺きを見て「今どき、茅の入手も大変だろうな」と思っていたのだが、あれは代々この湿原のヨシで賄っているのだとか。ここも日本遺産の一部に指定されている。

湿原の縁を流れる茂林寺川を渡ると『東武トレジャーガーデン』という庭園施設があるが、季節営業のため訪れた初冬は閉園中。しかしその裏手にちょっとしたスポットがある。ガーデン入口を素通りし、車道との合流手前で鋭角に左に入る小径《こみち》を行けば、そこには『館林市野鳥の森』と呼ばれる森が。一歩足を踏み入れれば、昔、カブトムシ捕りに行ったような里山の森がそのままに残されていて、踏みしめる落ち葉の音も心地よい。

野鳥の森を抜けたら、その先は住宅地に入るのでひたすら北上していこう。やがて現れる用水路に沿って東へ向かえば城沼《じょうぬま》に出る。城沼はその名の通り、過去に館林城の外堀としての役目もこなした沼で、日本遺産の本丸的存在だ。周囲にはつつじが丘公園や、館林城址、田山花袋旧居など見どころも多い。

館林城址付近からは、かつての武家屋敷の名残が点在する「歴史の小径」が通じているので、これを辿って東武伊勢崎線館林駅を目指す。そして最後に駅近く

穏やかな水面を見せる茂林寺沼。水鳥たちにとって絶好の休息場だ。フナやナマズなどの魚類も豊富で、下流の谷田川から入ってくるそうだ。茂林寺の茅葺きも沼の周囲に生えるヨシを利用している

「館林市野鳥の森」は住宅街至近にもかかわらず、昔ながら雑木林を残していた。歩いたときには僕以外にひと気もなく、鳥の鳴き声が樹上高くから聞こえてきた

にある老舗のうどん屋さん、「花山うどん」で、館林名物のうどんを食べるつもりだったのだが、なんと暖簾が下げられている！　時計を見れば午後3時を少しまわったところ。そうであった。ここは3時までの営業なのであった。どどど、どうしよう。

## DATA

**⦿モデルプラン**：東武伊勢崎線茂林寺前駅→茂林寺→茂林寺沼湿原→館林市野鳥の森→城沼→東武伊勢崎線館林駅
**⦿歩行距離**：約6.5km
**⦿歩行時間**：約2時間
**⦿アクセス**：起点の茂林寺前駅へは、東武スカイツリーライン浅草駅から久喜で伊勢崎線に乗り継いで約1時間半。終点の館林駅からも伊勢崎線、スカイツリーラインで浅草駅へ約1時間半
**⦿立ち寄りスポット情報**：茂林寺＝館林市堀工町1570。℡0276-72-1514。9:00～16:00。木曜不定休。宝物拝観料一般300円

# 諏訪大社と諏訪湖

すわたいしゃとすわこ

長野県

## 諏訪湖を巡る、ちょっとミステリアスな徒歩旅行

諏訪湖は長野県のほぼ真ん中に位置する湖だ。そのまわりに点在する諏訪大社には参拝客が絶えず、さらに、山中から切り出したモミの大木をご神木として大社に奉納する「御《おん》柱《ばしら》祭」は、日本の三大奇祭のひとつにも数えられている。

また、厳寒期に結氷した諏訪湖湖面で起こる「御神《おみ》渡り」も、一度は体験してみたい不思議現象だ。今回はそんなミステリアスな雰囲気を醸し出す諏訪湖界隈を歩いてみよう。

スタートはJRの下諏訪駅。まずは諏訪大社にお参りをすませておこう。一般には「諏訪大社」のひとことでくくられるが、実際には四つの神社の総称。上社の本宮と前宮は諏訪湖の南岸に、下社の秋宮と春宮は北岸に位置している。下諏訪から近いのは下社だ。駅から北に向かって20分ほど歩けば春宮。道すがらには時代感あふれる家屋があちこちに

諏訪大社の下社春宮。諏訪大社には本殿がないのが特徴で、中央に見えるのは神楽殿。その奥には幣拝殿と続き、さらに奥に立っているイチイの古木が、ご神体として祀られている

あり、ここが中山道の宿場町だったことを教えてくれる。境内をぐるりと回ってみれば、たしかに四隅には柱が建てられている。巨柱と呼びたくなるような大きさで、これを山から曳行してくるのはさぞ大変な作業だろう。しかも一度建てたらそれっきりではなく7年ごとに建て直すというのだから、そこにかける氏子たちの熱意は大変なものだ。

春宮の西を流れる砥川を渡れば、そこに鎮座するのが万治の石仏だ。江戸時代前期に造られたこの石仏。一見ユーモラスなその姿は岡本太郎にも絶讃されたが、そのいっぽう怖い話も残っている。もともとこの石は春宮の石鳥居を造るた

岡本太郎や新田次郎も絶讃したという「万治の石仏」。たしかにこんな石仏はほかでは見たことがない。周囲を時計回りに歩いて拝むという、この石仏ならではのお参り方法がある

めに用意されたものなのだが、石工がノミを入れるとそこから真っ赤な血がにじみ出してきたというのだ。祟りを怖れた石工は作業を中止、その夜、夢枕でよい石材のありかを告げられ無事に石材を確保。この石には阿弥陀如来を祀って今日に至るそうだ。

万治の石仏からは再び春宮方面に戻り、住宅街を抜ける旧中山道を辿る。緩やかに蛇行する昔ながらの道筋は当時の面影を感じさせてくれる。

旧中山道はやがて諏訪大社の秋宮に至り、そこは多くの参拝客で賑わっている。もちろんこちらにも見事な御柱が四本。青銅製では日本一といわれる巨大な狛犬

御神渡りや武田信玄の石棺など、なにかとミステリアスな話題が豊富な諏訪湖。ハクチョウを模した遊覧船がかわいい。ちなみに諏訪湖の真ん中が下諏訪町、諏訪市、岡谷市の市境になっている

に守られた神楽殿の注連縄《しめなわ》も立派だ。ここでもお参りをすませ、諏訪湖を目指す。

夏の賑わいを終え、ワカサギ釣りの季節にはまだ間がある秋の諏訪湖は静かなものだ。湖畔に設けられた遊歩道では地元の高齢者がウォーキングに勤しんだり、体育の授業の一環なのだろう、小学生たちが息を切らせながら長距離走に励んでいる。温暖化の影響か、近年は全面結氷することが少なく、それに伴って御神渡りの出現は限られているそうだ。

真冬の深夜、大音響とともに湖面の氷がせり上がって、そこに一本の道が現れる御神渡り現象。今でこそ「氷の膨張による」という科学的説明ができるが、昔

の人にとってはさぞや不思議だったはず。まさに神様が湖を渡った跡に思えただろう。

諏訪湖の不思議な話といえばもうひとつ。ひと昔前、諏訪湖の湖底で武田信玄の石棺と思しきものがソナーで発見されたという話題が盛り上がったが、あの話はその後どうなったのだろう。地元の人に尋ねてみれば、あまり信憑性はないらしいが、それでも忘れたころに再びその話が湧き起こるそうだ。

諏訪湖の対岸に目をやれば、そこには標高1651mの守屋山。この山には雨乞い信仰が今も残り、守屋山の神様を怒らせると雨が降ると信じられている。で、どうやって怒らせるのかというと、山頂に建つ祠を谷底に転げ落としてしまうというからワイルドだ。しかし、そう毎度毎度祠を落とされてはかなわないので、現在は対策も講じられている。何年か前に山頂に立ってみたところ、祠は牢屋と見紛うような頑丈な柵で守られていた。

下諏訪から湖畔の遊歩道を歩いていけば、やがて上諏訪の町に出る。諏訪は温泉の街だけあって、春宮からここに来るまでにもいくつもの温泉の前を通ってきたのだが、入浴は我慢してきた。なぜなら今回は、上諏訪の片倉館でお湯に入ろうと決めていたから。

片倉館は製糸業で財を成した片倉兼太郎が福祉施設として1928（昭和3）年に完成させたもので、その洋風建築は今なおモダンな印象が強い。とくに千人風呂と呼ばれる温

国の重要文化財にも指定されている「片倉館」。温泉だけではなく、ゴシックリバイバル様式ともいわれるその建物は、事前申し込み制によるツアーで見学することも可能だ

泉施設は名高く、近年では映画『テルマエ・ロマエ2』のロケ地としても使用された。

天井の高い洋風のお風呂に肩まで浸かり、浴槽の底に敷かれている黒い玉砂利で足の裏を刺激しながら、ここまで歩いてきた疲れをじっくりと癒やすのだった。

**DATA**

**⦿モデルプラン**：JR中央本線下諏訪駅→下社春宮→万治の石仏→下社秋宮→諏訪湖→片倉館→JR中央本線上諏訪駅
**⦿歩行距離**：約8km
**⦿歩行時間**：約2時間半
**⦿アクセス**：起点の下諏訪駅へは、中央本線新宿駅から特急利用で約2時間20分。終点の上諏訪駅から新宿駅へも特急利用で約2時間20分
**⦿立ち寄りスポット情報**：下社春宮＝諏訪郡下諏訪町193。☎0266-27-8316。下社秋宮＝諏訪郡下諏訪町5828。☎0266-27-8035。片倉館＝諏訪市湖岸通り4-1-9。☎0266-52-0604。10:00～21:00。2、4火曜休。一般750円

# 大谷資料館と鹿沼

おおやしりょうかんとかぬま

栃木県

## 大谷石の地下採掘場跡へ、探検気分で小径をつないで目指す

「大谷資料館」には以前から行ってみたかった。栃木県宇都宮市の大谷町で主に採掘される、大谷石の地下採掘場跡を整備、公開しているもので、その広さは約2万㎡、深さは30mにも及ぶという。結果としてできたとはいえ、そんな地下神殿のような大空間が、東京からほど近いところにあるのだ。一度は訪れてみるべきだろう。

アクセスとして一番ポピュラーなのは、JR宇都宮駅から路線バスで向かうというものだが、当然、徒歩旅行としては歩きたい。しかし交通量の多いバス路線をただ歩くというのは、プランとしてちょっと冴えない。どうしたものかと地形図を眺めつつ考えたのが、JR日光線の鹿沼駅から目指すという作戦だった。

鹿沼駅から大谷資料館までは直線距離にして約6㎞。ただしその中間には標高200m

越えの丘陵が立ちはだかり、地形図を見るかぎりでは丘越えの道はない。丘の北側には国道が延びているので、これを歩くのが定石だろうが、あえてバス路線を避けたのに、国道を歩くのも抵抗がある。そこであみだしたのが、丘の南側に細かく延びている中小さまざまな道をつなぐというもの。これをうまく組み合わせて大谷資料館を目指そう。

鹿沼駅の改札を抜け、ぐるりと回り込むようにして東へ。日光線を渡る踏切は車輌通行禁止の小さなもので、いきなりちょっとうれしくなる。道は自動車がすれ違うのにも苦労しそうな幅で、周囲にはポツンポツンと人家が点在する。

やがて丘の麓に出ると周囲には田園地帯が広がる。武子川を渡って少し広めの車道を南下していくと県道に突き当たるので、そこからしばらくは県道歩き。交通量は多いが、歩道はしっかり設けられている。

丘を回りこんだところで北上開始。この道はクルマこそ少ないが、そのぶん抜け道になっているようで、けっこうスピードが出ていて怖い。おまけに沿道にはラブホテルなんかも点在し、さっきまでとは雰囲気は正反対。田舎道の表と裏を垣間見る思いだ。

しかしそんな道もまもなく終了。自動車教習所のある丁字路を右に入ると、その先には再び穏やかな田園風景が続いていた。このあたりはナシの産地なのか、ナシ畑も目立つ。

果樹や野菜が植えられた畑の間の農道を抜け、大谷資料館を目指す。はるか先には、男体山をはじめとする日光の山々がよく見える。地図を広げてみれば、日光は想像以上に近かった

そして畑の彼方には、日光の男体山が山容をのぞかせている。

ときどき、道沿いに妙に黄色い色をした地面が広がっていて「なんだろう?」と思っていたのだが、直接手にとってみて納得。これは庭いじりや家庭菜園を楽しんでいる人ならお馴染みの園芸用土「鹿沼土」じゃないか。鹿沼土の「鹿沼」ってこの地名からだったのか。鹿沼にはあまり縁がなかったと思っていたが、これまで長いこと、この地の土を使って植物を育てていたのだった。

道はその後も細い舗装路が続き、赤川を越えると一度広い車道に出るが、そこから今度は砂利道へ右折。ここまで来れ

道端にどっさりと積み上げられていた黄色い土。近寄ってしげしげと眺めてみれば、これこそが鹿沼名産の土「鹿沼土」であることを知る。なじみ深い土の故郷を訪ねられて、ちょっと感慨深い

ばゴールは間近だと思っていたところに、この日最後のトラップが待っていた。その砂利道から分岐しているはずの細い道がないのだ。砂利道の先は完全に行き止まり。おかしい、おかしいと気を鎮めながら少し戻りつつ道を探してみると、あった！　分岐にクマザサが茂っていてわかりづらかったのだ。そこから先は民家が並ぶ道を抜けて県道へ。以降は大谷資料館への指導標が導いてくれた。

さて大谷資料館である。地下採掘場跡である。ここで掘られる大谷石というのは、軽石凝灰岩とも呼ばれる石材で、柔らかくて加工しやすいことから、建材や壁材として昔から重宝されてきた。有名

大谷資料館の長い階段を下っていくと、そこには広大な地下空間が広がっていた。1919（大正8）年から約70年の年月をかけて掘られたスペースは、野球場がまるまる収まってしまうほどだという

なところでは、フランク・ロイド・ライト設計による帝国ホテルでも用いられ、歩いてきた道沿いの農家の壁や蔵などにも当たり前のように使われていた。

広大な採掘場跡は迫力があるだけでなく、荘厳とか厳粛といった単語が思い浮かんでしまうほど日常とはかけ離れた雰囲気を醸し出している。そんなことから映画やドラマ、プロモーションビデオのロケ地としても重宝されているようだ。

江戸時代に始まった採掘は、18×30×90㎝のブロックを基準にして掘り出され、ひとつ掘り出すのに4000回もツルハシを振り、90kgはあるそれを、ひとつずつ背負子で背負って運び出していたとい

ＪＲ宇都宮駅前に建つ餃子のビーナス像。ここに落ち着くまでは、駅周辺を点々と居場所が変わる「さまよえる像」だった。もちろん、この像も大谷石でできている

うから、その苦労も生半可なものではなかっただろう。この空間には当時のそんな歴史も刻み込まれているのだなあと、あらためて思いを寄せる。

さあ、あとはバスに乗って宇都宮駅へ。ここまで来たからには宇都宮で餃子を食べなくちゃ、餃子のビーナス像も拝んでいかないとね。

**DATA**

**⦿モデルプラン**：JR日光線鹿沼駅→大谷資料館
**⦿歩行距離**：約10km
**⦿歩行時間**：約3時間半
**⦿アクセス**：起点の鹿沼駅へは、JR新宿駅より湘南新宿ラインで宇都宮駅へ。そこから日光線に乗り継いで約2時間。終点の大谷資料館からはバスで宇都宮駅へ約30分
**⦿立ち寄りスポット情報**：大谷資料館＝宇都宮市大谷町909。☏028-652-1232。9:00～17:00（12～3月は9:30～16:30）。12～3月は火曜、年末年始休。臨時休館の場合あり。4～11月は無休。一般800円

# 栃木市と蔵の街

栃木県

## 舟運で江戸とつながり栄えた町で、往年の面影を辿る

栃木県の県庁所在地は、なぜ宇都宮市であって栃木市ではないのか。そんなうすぼんやりした疑問をずいぶんと放置したままでいたのだが、あらためて調べてみると、栃木市に県庁が置かれていた時代もあったことを知る。さらにはそれ以前、現在の栃木県は、栃木県と宇都宮県という別々の県であったことも知る。県に歴史ありである。もっとも、栃木市が県庁所在地だったのは明治初期のわずか13年間ほどだったらしいが。

そんな栃木市は江戸時代から巴波川《うずま》を利用した舟運で栄え、材木や農産物が江戸に運ばれたという。戦災を免れたこともあって、川沿いには今も多くの蔵が建ち並び、往年の面影を偲ばせている。そんな栃木市をのんびり歩いてみよう。

歩き始めるのは栃木駅から。栃木駅にはＪＲ両毛線と東武日光線が乗り入れている。宇

都宮にくらべると新幹線沿線にないのがちょっと地味な印象だが、それが奏功して昔ながらの街並みが残されたともいえるだろう。

駅から北へ向かって歩き出せば、ほどなくして巴波川の畔に出る。「蔵の街遊歩道」と書かれた看板が川沿いの小径を指示しているのでそこを右へ。川の水は澄んでおり、そのなかを鮮やかな色彩の錦鯉がのんびりと泳いでいる。川際には白壁の土蔵が建ち並び、その白さと手前に延びる黒い板塀とのコントラストが美しい。この川は2019（令和元）年秋の台風で氾濫し、周囲に大きな被害をもたらしたのだが、今は静かなもの。歩道

栃木の街の中心を流れる巴波川。その名前は「渦を巻き」「波立つ」ことに由来するとか。そんな由来とは裏腹に平時は穏やかで、観光遊覧船がのんびりと川を行き来する

脇に溜まった大量の砂が唯一その名残を感じさせる。川沿いにいた地元のおばちゃんの話によると、元来、巴波川はそんなに暴れる川ではなかったらしい。

「あたしはここで生まれ育ったけれど、あふれるなんて全然なかったんだから。それが5年前、そして今年と急に。なにかが変わってきたのかしらねえ」とちょっと不安げだ。それでも、台風の後、町のあちこちの水たまりに取り残された錦鯉たちは、住民たちが一匹ずつ網ですくってきて川に戻したなんていう、心温まるエピソードも教えてくれた。

　川沿いに建つ「塚田歴史伝説館」は、江戸末期創業の木材回漕問屋の建物をそのまま利用した記念館。内部は見学できるうえ、三味線を弾きながら巴波川にまつわる哀しい伝説を語ってくれるおばあさんのロボット（！）なんていうトリッキーな展示もある。

　川沿いをしばらく歩き、常盤橋に出たらそこを左へ入るとまっすぐに延びる水路が現れる。これは県庁堀と呼ばれ、この地に県庁が置かれていたころの数少ない名残り。県庁があった場所は学校の敷地になっている。

　再び巴波川を辿る道を遡り、やがて交通量の多い県道に出たら右へ。大きな交差点の手前に、見るからに歴史を感じさせる道が現れる。これが日光例幣使街道と呼ばれる古道の一部だ。日光例幣使街道というのは、江戸時代に朝廷の使者が東照宮へ供え物を捧げるた

街角で一軒の駄菓子問屋を見かけた。入口には昔懐かしいクジ引きのオモチャがビッシリと。問屋なので小売りはしないものの、ならばいっそ丸ごと大人買いをと思ったが、使い道を考え踏みとどまる

めに通った道で、京都から中山道を経てこの道に入ったという。この道沿いにも多くの歴史ある商家や蔵が建ち並び、なかでも500年の歴史を有する岡田記念館は、日によっては内部も見学できる。

再び車道と交差したら、そこからは右折を繰り返して栃木駅へ至る道を戻ろう。この道は2年に一度開催される「とちぎ秋まつり」で、見事な細工を施された人形山車がねり歩くコース。そのため障害になる電線などはすべて地下に埋設されており、空が広い。

この通り沿いにも蔵造りの商店が並んでいる。ある店は昔のままの業態で、またある店はリノベーションされてカフェ

になったりと、その様子もさまざまだ。

駅まであと少しというところで道を反れる。実は巴波川沿いを歩きながら、銭湯の煙突を発見していたのだ。今日の締めはあの銭湯に浸かることにする。

古くからの商店街にあったその銭湯は、入口に大きな金魚の絵が描かれ、浴室の壁には水槽が埋め込まれ、そこにも金魚が。風呂上がりにサイダーを飲みつつ番台のおばちゃんと話し込むと、この銭湯の本当の名前は「玉川の湯」なのだが、いつしか周囲の人からは「金魚湯」と呼ばれるようになり、「今ではそっちのほうが通りがよくなっちゃった」とのこと。ちなみに創業は1889（明治

街の目抜き通りには、さまざまな時代の建物が今も現役で使われている。右の蔵造りの荒物店で竹製の「鬼おろし」を購入。栃木名物「しもつかれ」を作るのによさそうだ

歩き始めてすぐに目をつけておいた「金魚湯」。旅の終わりにあらためて暖簾をくぐる。歴史のある、栃木の街に相応しい外観を持った銭湯だ。番台に座るオカミさんが気さくで楽しい

22）年！　現在の建物は建て替えたといいつつも1953（昭和28）年のもので、栃木市に残る最後の銭湯だそうだ。ここでも栃木市の歴史にふれることができたのだった。

## DATA

**⦿モデルプラン**：東武日光線、JR両毛線栃木駅→蔵の街遊歩道→県庁堀→日光例幣使街道→栃木駅

**⦿歩行距離**：約5km

**⦿歩行時間**：約1時間半

**⦿アクセス**：起点の栃木駅へは、東京スカイツリーライン浅草駅から南栗橋駅で東武日光線に乗り継いで約1時間45分。特急もあり。JR山手線池袋駅からなら湘南新宿ラインを小山で両毛線に乗り継いで約1時間半

**⦿立ち寄りスポット情報**：塚田歴史伝説館＝栃木市倭町2-16。℡0282-24-0004。9:30～17:00。月曜（祝日の場合開館）、年末年始休。一般700円。岡田記念館＝栃木市嘉右衛門1-12。℡0282-22-0001。9:30～17:00。土日月祝日のみ開館。一般800円。玉川の湯（金魚湯）＝栃木市室町3-14。℡0282-22-1865。14:00～23:00。水曜休。一般400円

# 足利と足利学校《あしかがとあしかががっこう》

栃木県

## 繊維の町で中世の学校、国宝を歩き、仕上げは郊外のワイナリーへ

足利という地名は有名だ。なにしろ室町幕府を開いた足利氏由来の街なのだ。街には日本最古の学校といわれる「足利学校」や、国宝指定の鑁阿《ばんな》寺本堂など見どころも多い。

そのいっぽう、実際に出かけたことがあるという人は意外と少ないのではないか。ＪＲだと都心からの幹線上にないことから、今ひとつ地理がピンとこないのも理由かもしれない。実際には浅草から東武線に乗れば2時間ほど。特急を利用すれば1時間20分ほどの距離だ。そんな歴史の香りが漂う街を歩いてみよう。

起点は東武伊勢崎線の足利市駅。駅の改札を出てすぐ前に流れている渡良瀬川を渡り、さらに両毛線の踏切を越えて街なかに入る。ちなみに橋を渡るとき、上流にもうひとつ橋が見えるが、これが森高千里さんの曲のタイトルでも知られる渡良瀬橋だ。気になる人は

渡良瀬川を渡るときに上流側に見える橋が、森高千里さんの曲でも知られる『渡良瀬橋』。彼女は、この渡良瀬橋という名前が持つ美しい響きから歌詞を書き上げたという

ちょっと遠回りになるが、土手を歩いて経由するのもいいだろう。

踏切の先ですぐ交差する県道を右に入ると、このあたりが昔ながらの繁華街のようで、いくつもの店が並ぶ。街の規模にくらべて洋服屋さんが目立つのは、足利が繊維産業で発展を遂げてきたことの証しかもしれない。

足利の繊維の歴史は奈良時代までさかのぼるそうだが、なかでも大正から昭和初期にかけて生産された「足利銘仙」は、安価かつ斬新なデザインから大きなブームを巻き起こし、それに伴って街も発展してきた。

しばらく歩くと左手に「足利学校遺

明治以降、わずかな建造物を残すのみだった足利学校だが、平成に入って復元が行われ、現在は観光スポットとしてだけではなく、足利市民の生涯学習の場としても利用されている

跡」と彫られた大きな石柱があり、そこから続く石畳の先にあるのが足利学校だ。創建時には諸説あるそうだが、現在明らかになっているのは、上杉憲実によって1439年に再興されてからとのこと。一時は3000人の学生がここで学んでいたといわれ、1549年にはあのフランシスコ・ザビエルが「日本国中最も大にして、最も有名な坂東の大学」として、その様子を海外に伝えたという。

明治初期にはその役目を終え、一時は跡地に小学校などが建てられたが、その後遺跡の発掘、建物や庭園の再建が進み、1990（平成2）年に公開されることになった。

足利学校から少し歩けば鑁阿寺だが、その途中で足利B級グルメで知られる「足利シュウマイ」を買い食い。このシュウマイの特徴は、具に肉を使わず、タマネギと片栗粉だけで練られていること。そして醤油ではなくソースをかけて食べるというのもおもしろい。

なんでこんなシュウマイが誕生したのかには諸説あるようだが、聞いたところでは、昔この街にたくさん住んでいた繊維工場の職工たちが安価でお腹を満たせ、なおかつ屋台で売ることから日持ちを考えて肉を使わなかったというのが理由のようだ。

鑁阿寺は1197年、足利義兼によっ

商店の軒先で売られていた「足利シュウマイ」。ソースで食べるのがお約束なのは、この地域にソースメーカーが多数存在することとも無縁ではないだろう

て建立されたお寺だ。火災により焼失した後、１２９９年に再建された本堂は国宝に指定されている。境内にそびえる樹齢６５０年を越えるという大イチョウも見事。山門脇の茶屋で売られていた「はとのえさ」「コイのえさ」に、なんだかノスタルジーを感じる。

ここからは古い街並みを路地で抜けて、車道をしばらく歩けば織姫神社の鳥居が現れる。本殿までは２２９段の石段が待ち構えるが、上りきれば足利の街が一望だ。

さあ、ここまで来たら織姫神社の裏手へ抜ける道を辿ってどんどん北上していこう。山腹を辿るように続く道は徐々に標高を下げ、やがて水路と並走する道へと繋がる。道沿いの住宅はみな、水路に自分の家専用の橋を架けている。

道は一時広い県道と合流したかと思えば、再び細い旧道に戻ったりしつつ北へ。やがて北関東自動車道のガードをくぐれば、この日のゴールである「ココ・ファーム・ワイナリー」はもうすぐだ。

１９５０年代、当時の特殊学級の生徒とその担任教師によって開墾されたことに始まるこのワイナリーは、今日も彼らが栽培、生産に携わり、個性豊かなさまざまなワインをつくり続けている。２０００（平成12）年には九州沖縄サミットの晩餐会で用いられたり、２０１９（令和元）年のローマ教皇来日の際に食卓に上がったことでも知られている。

ワイナリーにはカフェやショップがあり、テイスティングやワイナリー見学も行っている。見学をすませ、テイスティングをして、気に入った何本かを購入。こうなると当然、徒歩旅行は終了。ここからはバスを利用して足利市駅へ戻ることにしよう。

1950年に開墾した急峻な山腹に広がるココ・ファームのブドウ畑。開墾以来、除草剤が撒かれたことはない。ブドウ畑の麓にあるワイナリーでは、1984年からワインづくりをスタートした

## DATA

**⊙モデルプラン**：東武日光線足利市駅→足利学校→鑁阿寺→織姫神社→ココ·ファーム·ワイナリー
**⊙歩行距離**：約8km
**⊙歩行時間**：約2時間半
**⊙アクセス**：起点の足利市駅へは、東京スカイツリーライン浅草駅から久喜で東武伊勢崎線に乗り継いで約2時間。新宿駅から湘南新宿ラインに乗り久喜で乗り継ぐのもあり。終点のココ·ファーム·ワイナリーから足利市駅へは、コミュニティーバスで約30分。本数が少ないので事前要確認(足利市市民生活課〈℡0284-20-2186〉)
**⊙立ち寄りスポット情報**：足利学校＝足利市昌平町2338。℡0284-41-2655。9:00〜16:30(10〜3月は〜16:00)第3水曜(祝日の場合翌日)、年末年始休。一般420円。鑁阿寺＝足利市家富町2220。℡0284-41-2627。ココ・ファーム・ワイナリー＝足利市田島町611。℡0284-42-1194。10:00〜18:00(ショップ&カフェ)。1月第3月曜〜金曜、11月の収穫祭前日、年末年始休

半日徒歩旅行の心得①

# 天候とウエア

ふらりと旅立てるのが半日徒歩旅行の魅力のひとつだが、それでも天気に対する備えはあったほうが安心だ。一番心配なのは突然のにわか雨。すぐに雨宿りできる街中とはかぎらないので、コンパクトな折りたたみ傘は用意しておきたい。

季節によっては風が肌寒く感じることもあるので、ウインドブレイカーのような防風シェルもあると心強い。さらには本格的な寒さ対策としてフリースやダウンのベストまたはジャケットがあれば万全。僕は、猛暑期以外はいつもこの3点セットをリュックサックの片隅に押し込んでいる。アウトドア用のものを選べば軽量コンパクトになるので、重さやかさばりも気にならない。

また、歩くという動作は思った以上に身体を温かくしてくれるものだ。歩き始めはちょっと寒いくらいでも、20分も歩いているとポカポカして汗ばんできたりする。そんなときはこまめに着ているものを脱いだりして、なるべく不必要な汗をかかないようにしたい。そのままにしていると、それがやがて汗冷えの原因になる。

あともうひとつ。余裕があれば、まっさらのコットンのTシャツと手拭いを一枚しのばせておくと、途中やゴール後に温泉や銭湯に遭遇、入浴したあとの快適さったらないのであった。

# 第2章 島へ渡る徒歩旅行

島への旅。なんとも心そそられる言葉。
そして半日徒歩旅行でもできる島旅はある。
船に乗り、岸辺に沿って島を巡ってみよう。

神奈川県の猿島は、横須賀の港からわずか10分ほどの船旅で辿り着ける無人島だ。船上から少しずつ大きくなるその島影を眺めるごとに、高揚感が高まるのが自分でもわかる

# 猿島《さるしま》

## 近現代史の荒波をかぶった、東京湾口の無人島へ

神奈川県

島旅が好きで、伊豆諸島はおおかた訪ねているし、小笠原諸島も行っている。ある意味小笠原より難易度が高いともいえる、伊豆諸島先端の青ヶ島でキャンプもした。それなのに、ああそれなのに。くらべたら全然お気楽に行けるのに、いまだに訪れたことのない島があった。神奈川県の猿島だ。いつでも行けると思うとなかなか行かないという好例だ。これからは、そんな場所もひとつひとつ拾っていくことにしよう。

猿島の最寄り駅は京浜急行の横須賀中央駅。ここから三笠公園を目指すこと約15分。公園のすぐ脇に、猿島行き連絡船の発着桟橋はある。朝8時半から夕方4時半まで、船は1時間に1本の割合で運航している。たかだか片道10分の航路なのに、乗船券が１４００円というのはちょっと高くはないかと思ってしまったが、よく見ればこれは往復のチケット。

猿島航路には何隻かの船が就航しているが、このとき乗ったのは2014年に就航した『シーフレンドZero』号。オープンデッキからの視界も良好で、猿島がよく見渡せる

猿島は日帰りでしか訪ねることができないので、片道切符というのは必要ないのだろう。

やがて船が出航し、みるみる猿島が近づいてくる。途中、海上にいくつか棒が突き立てられているのは、暗礁の注意喚起のためだろうか。島の右手には定置網のようなものが見えたので、尋ねてみるとあれは網ではなくワカメの養殖施設とのこと。ここのワカメは猿島ワカメ、あるいは走水（対岸の地名）ワカメとしてブランド化されているそうだ。

細長い桟橋を渡って島に上陸したら、さっそく島内を一周する。この島は周囲1・6㎞という小ささなので、あわてる

猿島には要塞跡が数多く残る。古くは江戸幕府による台場、そして明治以降は猿島砲台が築造された。苔むして今も残るその姿は、まさに「兵どもが夢の跡」を彷彿とさせる

必要はない。管理事務所脇を回り込んで坂道を登っていくと、いきなり見上げるような切り通しが現れる。当初は素掘りの切り通しだったが、それが次第に石積みやレンガ積みに変わっていく。

これは明治以降、首都防衛のために要塞化される際に築かれたもので、周囲には弾薬庫や兵舎、司令部などの遺構も数多く残されている。柵が設けられていて内部には入れないのが残念だが、やはり経年劣化による崩落の危険があるのだろうか。

切り通しの先には、レンガ積みの長いトンネルが現れる。このトンネルは日本でも有数の古いものだそうで、しかもそ

の工法はフランス積みと呼ばれるもので、近年ではちょっとレアな積みかただ。

ここは長くて薄暗く、カップルで来ると絶好の手つなぎポイントとなることから、別名・愛のトンネルなどとも呼ばれているそうだが、おじさんひとり旅にはまったく関係のない話である。

この先で右側からの切り通しと合流して、さらにもうひとつトンネルを越えると、島の最奥に位置する日蓮洞窟へ至る。途中にはいくつかコンクリート製の円形構造物が現れるが、これらはすべて砲台陣地だったそうだ。太平洋戦争時はここに高射砲を設置し、東京湾や上空に睨みを利かせていたのだろう。

島内にいくつも残されている、円形のコンクリート製構構造物は砲台の跡。砲台そのものは残っていないが、固定用に穿たれたと思われるいくつもの穴が生々しい

海岸線を下ったところにある日蓮洞窟からは、弥生式土器が発掘されており、当時もこの島に人が暮らしていたことを示している。ちなみに日蓮洞窟という名前は、日蓮上人が房総半島から鎌倉へ航海しようとした際に悪天候で猿島に漂着、この穴に避難したという話に基づいているそうだ。そもそもこの猿島という名前も、上人の遭難時に白い猿が現れて、島内へ案内したという逸話からつけられたのだとか。残念ながらこの洞窟も現在は内部には入れない。

そこからは再び来た道を登り返し、切り通しと並走する小径を歩いて桟橋に戻る。途中にある広場からは、東京湾を航行するあまたの船、房総半島、そして明治時代に要塞島として人工的に造られた島である第一海堡《かいほう》、第二海堡も視認できる。今立っている広場にも、幕末には大砲が据えられていたというのだから、当時の東京湾はいったいどれだけ物騒だったことか。

この島を出る最後の船は午後5時（夏期）。たとえ野宿であってもこの島で宿泊することは許されていないので、訪島者は遅くともこの最終便には乗らなくてはならない。しかし、ときには酔っ払って寝過ごすような人はいないのかなと思っていたら、桟橋脇に「最終便に乗り遅れた方へ」という注意書きがあったので、皆無ではないらしい。しかもその後には朱書きで、「別途料金を申し受けます」と若干キツめに記されていたので、くれぐれも乗り損ねることのないように。

猿島では、事前に予約すればバーベキュー機材のレンタルも可能だ。ただし、ご覧のように島の上空ではトビが虎視眈々と狙っている。トンビにアブラゲならぬ、焼肉をさらわれぬように要注意

## DATA

◉**モデルプラン**：猿島桟橋→切り通し→レンガ造りのトンネル→日蓮洞窟→砲台跡→砂浜→猿島桟橋
◎**歩行距離**：約1.5km
◎**歩行時間**：約1時間
◎**アクセス**：起点の京浜急行横須賀中央駅へは、品川駅から京浜急行本線で約45分。そこから三笠桟橋まで徒歩約15分。三笠桟橋から猿島へは船で約10分
◎**立ち寄りスポット情報**：猿島行きの船および島に関する問い合わせ＝横須賀市小川町28-1。📞046-825-7144(トライアングル)。乗船料往復1400円

# 妙見島

## 千葉県との県境、川の上に浮かぶ島を目指して

みょうけんじま

東京都

東京都の妙見島と聞いても、一瞬どこだ?と思ってしまうかもしれない。伊豆諸島にはそんな名前の島はないし、東京湾の埋め立て地にもない。この島があるのは海ではなく川。旧江戸川に存在する島なのだ。もともとは、上流から流れてきた砂が溜まってできた中州にすぎなかったこの島。中州だけあって、そのままでは川の流れ次第で上流に行ったり下流に移動したりと、まさにさまよえる島だったものを、全周をコンクリートで護岸、現在の位置に落ち着かせたのだ。

この島を訪れるのに船に乗る必要はない。島の上を橋が渡っていて、橋の途中から階段で下りられるのだ。階段で訪ねることができる、ちょっと変わった島を目指してみよう。

起点となるのは東京メトロ東西線の浦安駅。駅を出たら永代通りを西に向かって歩いて

浦安橋から妙見島の東岸を望む。背の高い防潮堤が延々と張り巡らされているのがわかる。このときは耐震補強工事も行われていて、なおさら物々しい雰囲気だった

いけば、目指す浦安橋はすぐだ。妙見島があるためなのかはわからないが、浦安橋は緩やかなアーチを描いていて、橋の中央までは登り基調だ。

通るのはクルマばかりかと思っていたら、意外にも歩行者や自転車が多い。あらためて地図で周囲を確認してみると、この上下流ともにあまり橋がない。地元の人にとっても貴重な生活橋なのだと実感する。

やがて妙見島への下り口となる階段が現れたのでそこから島へ上陸。「上陸」なのに「下りる」というのもなんだか変だが、実際そうなのでしかたがない。

妙見島は南北に700m、東西はわず

島の北端までやってくると、プレジャーボートを多数陸揚げしたマリンクラブが現れた。そしてその向かいには、食品メーカーの大型タンクがズラリと並んでいた

か200mほどの小さな島だ。階段から眺める島の様子は、さまざまな工場が建ち並び、周囲はコンクリートの防潮堤で囲まれていて、長崎県の軍艦島をちょっと彷彿とさせる。もともとが中州だっただけあり、島の形状自体も上下に延びた船の形をしているのだ。

島に入ってまずは、東側の防潮堤沿いに北へ向かってみる。島歩きというと普通は水面を眺めながらとなるのだが、ここはゆうに2m以上はあろうかという防潮堤に視界を遮られているので、殺風景なことこのうえない。さらに島の車道には、ダンプがわんさか走っているのにもびっくりだ。こんな小さな島になぜと思ったのだが、後ほど理由は判明。ここにはどうやら産業廃棄物関連の会社があるようで、ダンプはみなそこを目指していたのだった。

島の北端に近づくと、たくさんのプレジャーボートが陸揚げされているマリンクラブが現れて、ようやく島らしい趣が出てくる。マリンクラブの向かいには赤い鳥居があり、小さな祠が祀られている。鳥居には妙見神社と掲げられていたので、島の名もここから取られたものかもしれない。

その先には屋上に球状のタンクが載った会社があり、タンクには「月島食品」の名が。調べてみると、この会社はマー

トラックがせわしなく走り回る島内の片隅に、「妙見神社」と書かれた赤い鳥居が建ち、その奥には古い木造の祠が。お酒とサカキの葉が供えられていた

ガリンやショートニングをはじめとする食用油脂のメーカー。さらに進もうとしたが、その先は社有地のようで関係者以外は立入禁止になっている。奥にあるのはどうやら社員寮のよう。この島にもちゃんと人は住んでいるんだな。

島の北を攻めたあとは南へ転進。来た道を戻って浦安橋の南側へ下ると、いきなり現れたのがラブホテルだ。なんでこんなところにとも思ったが、冷静に考えると「島にあるホテル」というのは、なんだかロマンチックかもしれない。その隣りに並ぶのが釣り船屋というのも、情緒があるようなないような。

ラブホテルより南はまたもや私有地で入れない。ならば最後に残されたのは島の西側だと、再び北上を試みる。こちらも川辺は防潮堤に覆われて視界はなし。さらには内陸側も高い壁に囲まれていて、ただただ砂利道が延びているだけだ。ときどき壁の隙間から見える風景は、砂利や砂が山積みにされているばかりで風情はない。

しかし、そんなところにも野良猫がいた。しかも人に慣れているようで、近づいてもまったく逃げる気配がない。傍らに目を向ければ水が入った小皿が置かれていて、どうやら島で働いている人がエサをあげているようだ。さすがにそうでもないと、この島で生きていくのは難しいだろう。工場だらけのこの島にも、そんな人の情感をうかがい知ることが

浦安橋を挟んで島の南側には、釣り船屋とラブホテルが並んで建っていた。工場だらけの島内で、ようやく島の旅らしい？光景に出会えてホッとする

できてちょっとホッとする。
　これで妙見島の歩けるところはすべて歩いた（はず）。帰路は浦安ではなく、反対側の葛西に進路を取ろう。浦安橋を再び渡り、なるべくクルマが通らなそうな路地を辿りつつ葛西駅を目指すことにした。

**DATA**

**⦿モデルプラン**：東京メトロ東西線浦安駅→妙見島→東京メトロ東西線葛西駅
**⦿歩行距離**：約4km
**⦿歩行時間**：約1時間半
**⦿アクセス**：起点の浦安駅へは、大手町駅より東京メトロ東西線で約20分。終点の葛西駅からは、東京メトロ東西線で大手町駅へ約15分
**⦿立ち寄りスポット情報**：妙見島内にコンビニ等はなく、あっても飲み物の自販機程度。島内は意外と交通量が多いので気をつけたい

# 初島《はつしま》

静岡県

## 熱海の沖合に浮かぶ小さな島を、海を眺めつつぐるりと一周する

初島は熱海の沖合10㎞ほどに浮かぶ小さな島だ。初島へは熱海と伊東から連絡船が出ており、せっかく出かけるのなら伊東から入って熱海に抜けるという縦走プランがいいなと計画を温めていたところ、なんと2019（令和元）年春に伊東航路が休止。これは旅の神様の「旅先はいつまでもおまえの都合を待ってはくれぬぞ」という神託に違いないと解し、あわてて熱海航路で向かうことにした。

熱海駅からバスで熱海港へ。そこに待っていた「イルドバカンス3世号」という、なんだかすごい名前の船に乗り込む。やがて、白くて秀麗な船体は港を回り込むようにして出港。左手に熱海の街並を、右手に山の上の熱海城を眺めながら前方に眼を遣れば、すでに初島はぐんぐんとその大きさを増しながら近づいてくる。

デッキで手すりに体を預けながら島を眺めていると、隣りにいた外国人のご夫婦が声をかけてきた。聞けば南アフリカのケープタウンから観光でやってきたそうで、当初は初島を訪れる予定はなかったそうなのだが、熱海から望む初島の姿が故郷から見るロベン島にそっくりなので、思わず船に乗ってしまったとのこと。そのときは「ふーん」程度にしか思わなかったのだが、調べてみるとこのロベン島、あのアパルトヘイト撤廃に尽力し、ノーベル平和賞を受賞したネルソン・マンデラが投獄されていた島で、現在は世界遺産にも登録されているではないか。そうだったのか。南アフリカの人よ、共感できなくてすまんかった。

彼らと話しているうちに早くも船は島に到着。わずか30分ほどの船旅だ。午後一で到着したこともあって、まずはお昼ご飯とばかりに食堂へ入る。港からすぐのところには食堂通りと呼ばれる海沿いの道があって、そこには島の漁師達が営む食堂がずらりと軒を連ねている。品書きに並ぶのはもちろん新鮮な魚貝類だ。なかにはイセエビなんていう豪勢なものもあるが、これをひとりで頼むのはさすがに勇気がいる。結局、刺身定食という凡庸な注文で落ち着いたのだが、このとき隣に座っていた総白髪の老婦人は、「サザエの壺焼きをふたつ」のみという、なんとも男気あふれる発注をしていて、自分の小ささを痛感。

さて、空腹も満たされたところで島を歩きだそう。島の大きさは東西約1km、南北約600mほど。一周4kmほどの周回遊歩道があるので、まさに半日徒歩旅行にはうってつけだ。道もしっかり舗装されている。時計回りに歩き、江戸城の石材を納めることを命じられた西国大名たちの採石場跡や、島の厄介者だった磯内膳という人物が弔われている墓など島の名所を辿っていると、やがてアジアンリゾート風の宿泊施設が現れた。一瞬、ここで遊歩道が分断されてしまうのかと心配したが、もちろんそんなことはなく、受付の前をすり抜けるように島の南側へ小径は続いていく。

初島は熱海の沖合10kmほどに浮かぶ小さな島。バブル時代にはリゾート開発なども盛んに行われたようだが、現在は再び静かな島の雰囲気を取り戻しつつある

港からすぐのところには、島の漁師が営む食堂街「食堂通り」が。軒先の水槽では活魚が泳ぎ、海外からの旅行者がそれらを興味深げにのぞきこんでいた

少し内陸に入ったところに小さな灯台が見えてきた。これが1959（昭和34）年に築かれた初島灯台で、現在は上部まで階段で上がることができる。高さは16mほどだが、もともと建っている場所が高台なので、上からの景色は抜群だ。伊豆七島方面への視界も開けていて、この日見えたのは大島と利島だけだったが、空気が澄んでいる日には神津島や新島、三宅島までもが遠望できるそうだ。

ここからは大きなリゾート施設の足元を抜けるようにして島の西側へ。途中、舗装道を外れて崖を下っていく小さな階段があったので、そちらへ足を向けると辿り着いたのは漁港だった。小さな船がいくつも繋留され、海の向こうには伊豆半島が間近に迫る。この日は初島も伊豆半島も晴天だったが、天城山の頂上にだけは雲がかかっていた。

さてここまで来たら島一周の旅も終わり間近。帰りの船まで少し時間があったので、島唯一の集落を散策する。集落内は細い路地が張り巡らされ、花壇に置かれた大きなサザエの貝殻や、軒先に干された漁網が島の旅情を誘う。

途中、赤いランドセルを背負った女の子と、制服を着た女子中学生が手をつなぐように並びながら下校するのとすれ違う。島唯一の学校、初島小中学校の生徒だろう。現在この学校の児童生徒は、合

島の南側からは伊豆大島が大きく見えた。往きのフェリーで同行した南アフリカ人の観光客に、あの島が活火山であることを教えるとたいそう驚いていた

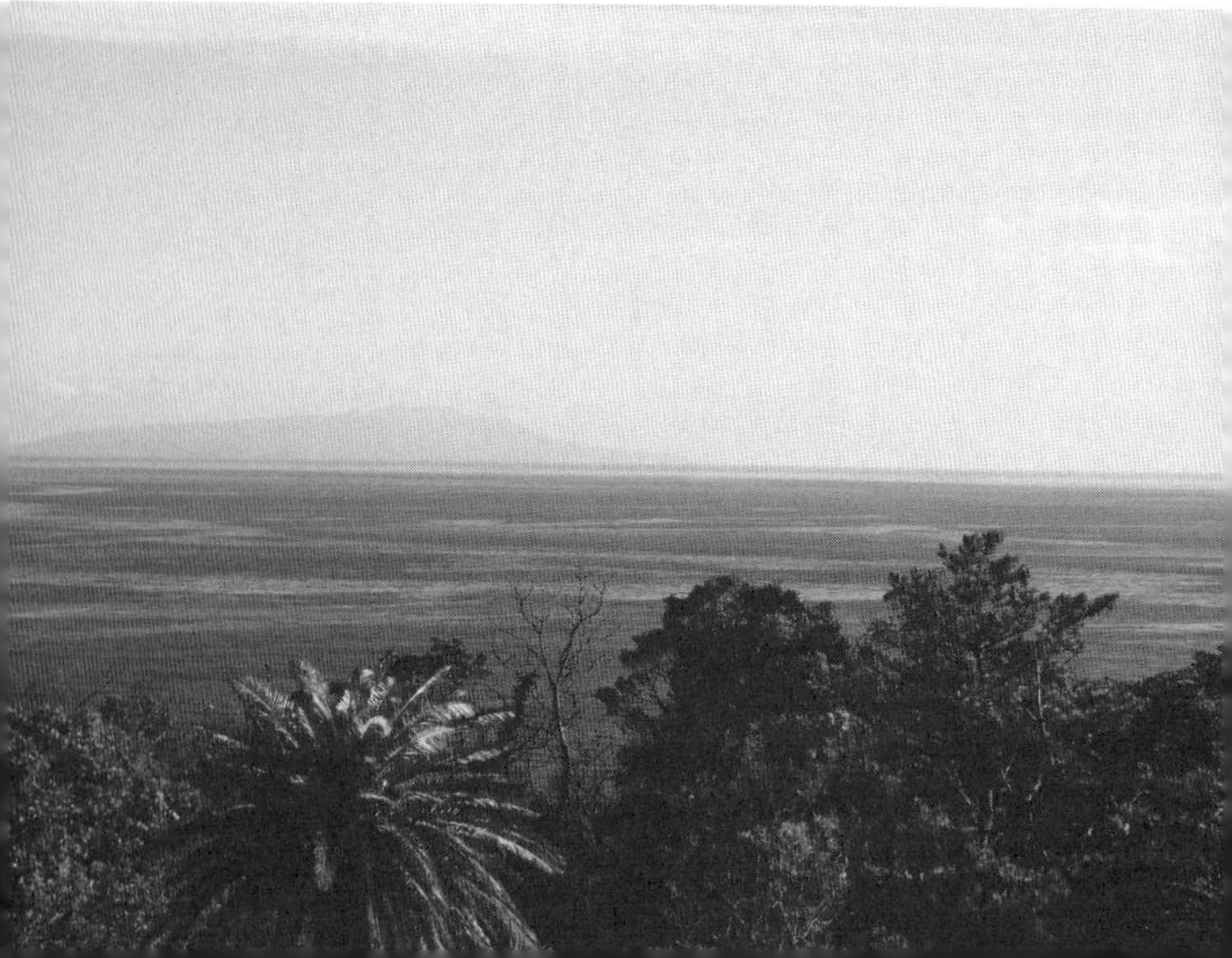

熱海にもほど近く、多くの観光客が訪れる初島だが、軒先に置かれたこんな背負い籠を見ると、昔ながらの島の暮らしに思いが飛ぶ（写真上）。夕方、漁村内の細い路地を一緒に下校する、島の小学生と中学生（写真左）

わせて10名に満たないそうだ。

さあ、帰りの便の出航も近い。来るときは港までバスで来たが、帰りは歩きながら駅まで戻ろう。そして、どこかで気持ちのよさそうな温泉を見つけて、ひと風呂浴びてから帰るとしよう。だって熱海だし。

## DATA

**⦿モデルプラン**：JR東海道本線熱海駅→熱海港→初島港→食堂街→江戸城石切り場跡→初島灯台→漁港→初島集落→初島港→熱海港→熱海駅

**◎歩行距離**：約4km

**◎歩行時間**：約1時間半

**◎アクセス**：起終点のJR東海道本線熱海駅へは、東京駅から快速アクティを利用すれば約1時間40分。新幹線を利用すれば約40分。熱海駅から熱海港へはバスで約15分。熱海港から初島へは船で約30分

**◎立ち寄りスポット情報**：初島航路＝熱海市和田浜南町6-11。📞0557-81-0541（富士急マリンリゾート）。一般往復2640円。島の食堂街＝個人経営でそれぞれ不定休。📞0557-67-1400（初島総合観光案内所）

# 東京湾奥の人工群島

とうきょうわんおくのじんこうぐんとう

東京都

## 江戸期から増殖を続ける島々をアイランド・ホッピング

東京湾の湾奥にはいくつもの島がある。江戸時代から今日に至るまで、連綿と造り続けられてきた「埋め立て地」という名の人工島群だ。ゴミの埋め立てはもちろん、ある島は国防のため、またある島は浚渫土の処理のために、次から次へと姿を現した数々の島。今回はそんな都心から一番近い島々を巡る、アイランド・ホッピングの旅に出てみよう。

起点はJR新橋駅。江戸時代には東京湾はこの付近まで迫っていて、新橋から日比谷にかけては大きな入り江だった。少し歩いたところにある、汐留なんていう地名はそのいい名残だ。汐留は徳川三代が、全

浜離宮の海側から汐留方面を望む。日頃あまり出向くことのない、汐留エリアの再開発がこんなにも進んでいることに、ちょっと衝撃を受ける。浜離宮の緑地とのキャッノが激しい

国の大名に命じて埋め立てさせてできたもの。ちなみに新橋という地名も、当時あった川にかかっていた橋の名が由来らしい。

汐留に来たからには、まずは浜離宮恩賜庭園に行ってみる。道すがらには、今となっては海の面影はまったくない。それどころか首都高と湾岸通り、そして汐留ジャンクションに遮られて、浜離宮へ渡る信号を見つけるのもひと苦労だ。

ようやく現代の難所を越えて浜離宮を訪れる。ここは、もともとは東京湾から海水を引き入れ、潮の干満による風景の変化を楽しむことができた将軍家の回遊式庭園で、出城としての機能も持たせていたらしい。これもまた、かつてはここが海だったころの残滓だ。

明治以降は皇室の離宮となり、戦後、東京都に下賜された。入ってみてまず思うのは想像以上の広さ。外から眺めているだけあまりピンとこないが、その面積は25ヘクタール。これは東京ドーム5個分に相当する。将軍家の力、やはり相当なものだったんだな。

浜離宮をあとにして、次に目指すのは築地だ。築地市場が、埋め立

築地の場内市場は豊洲に移転してしまったが、場外市場は今もこの活気。客層が一般の人に絞られたことで、かえって棲み分けが進んだのかもしれない

て地である豊洲に移転するときの騒動はまだ記憶に新しいが、実はこの築地も江戸時代に埋め立ててできた土地。築地という地名自体もそれをよく表している。築地市場が去ったあとも、場外市場はこの地に残り、おかげで今も観光客で大賑わいだ。売られているのは魚貝類はもちろん、寿司屋をはじめ飲食店も多く、観光スポットとしてたくましく生き残っていくのだろう。

築地から佃大橋を渡ればいよいよ本格的な島?である佃島だ。ここはご存じの通り、本能寺の変で危機に陥った徳川家康を助けた大阪佃村の漁民たちが、江戸開府にあたって呼び寄せられた場所。もともとは洲程度の地形だったものを埋め立てて島にした。現在、住所からは「島」が取れて佃になっている。

　佃島に来たからには佃煮でしょうということで、一軒の佃煮屋へ。棚に並ぶ佃煮はどれも美味しそうだが、ひときわ目を引いたのがウナギの佃煮。これはいいぞと値段を見ると、こちらもまさにケタ違い。そっと視線をそらして、なじみ深いシラスの佃煮を注文する。

　佃島からは、現在は地続きになっている月島へ。こちらは1892（明治25）年に行われた東京湾澪浚《みおさらい》計画と呼ばれる浚渫事業で出た土砂で作られた島。最近はもんじゃ焼きの街としても知られ、街

佃島には、こんな風情のある佃煮屋がまだ何軒か残っている。白衣に三角巾という、昔ながらの装いをしたおばちゃんが量り売りで包装紙に包んでくれるのが、妙にうれしい

を歩くだけでもどこからか香りが漂ってくる。

月島から黎明橋を渡った先にあるのが晴海だ。こちらも月島同様、浚渫土でできた島。1940（昭和15）年にはここで万国博覧会の開催が決まっていたが、太平洋戦争により中止となった。それ以上に僕たち昭和生まれの男子としては、かつてここにあった国際見本市会場で開催されたスーパーカーショー的なものが懐かしい。

晴海から晴海大橋を渡ると豊洲が目の前に現れる。前述の通り、築地市場の移転先だ。豊洲市場は閉鎖型市場なので、外から眺めているだけではなんのビルなのかサッパリわからないが、唯一、搬入口と思われる場所に数多くのトラック、山のようなトロ箱が積まれ、魚の匂いが漂い流れていた。

豊洲からは富士見橋を渡って有明へ。こちらは有明コロシアムや東京ビッグサイトで馴染みだ。有明アリーナをはじめ、東京五輪・パラリンピック用施設も竣工した。

有明から有明橋を渡ればお台場。そして今回の旅のゴールである台場公園に到着する。ここは幕末に黒船来航の脅威から、いくつか急遽造成された砲台陣地の跡地だ。台場公園はそのうちの第三台場を整備、国の史跡とした。

台場公園の先端に立つと目の前に見えるのが同じく第六台場、さらにもうひとつ並んで

お台場海浜公園の砂浜から、海の向こうに浮かぶ台場公園を眺める。もともとは第三台場。幕末、黒船に対抗する砲台設置のために築かれた人工島だ

見える細長い島は、昭和初期に築かれた防波堤のなれの果てらしい。現在はどちらも上陸禁止になっている。

かくして東京湾群島を巡る旅は、江戸初期に始まり、明治から令和を経て、再び江戸に戻って幕末に回帰したのだ。

**DATA**

**⊙モデルプラン**：JR山手線新橋駅→浜離宮恩賜庭園→築地→佃島→月島→晴海→豊洲→有明→台場公園→ゆりかもめお台場海浜公園駅

**⊙歩行距離**：約11km

**⊙歩行時間**：約3時間半

**⊙アクセス**：起点の新橋駅へは、JR東京駅から山手線で約4分。終点のお台場海浜公園駅からは、ゆりかもめで新橋駅へ約15分

**⊙立ち寄りスポット情報**：浜離宮恩賜庭園＝中央区浜離宮庭園1-1。☎03-3541-0200。9:00～17:00。年末年始休。一般300円。築地場外市場＝中央区築地4-10-16。店により営業時間は異なるが、土日でも飲食店を中心に全体の3分の1ほどは開店。台場公園＝港区台場1-10-1。☎03-5531-0852

半日徒歩旅行の心得②

# 地図とのつきあいかた

　半日徒歩旅行にどんな地図を利用するか。昨今一番多いのは、おそらくスマホを介した電子地図だろう。日本はおろか世界中のほとんどの場所をカバーしている、縮尺も自由に変えられるので、自分が見たい場所をじっくりと確認できる。

『マピオン』や『グーグルマップ』など、民間によるものはデータの更新も早いいっぽう、登山道、いわゆる山道の類に関しては対応が遅れていて、地図上にまったく反映されていないことも多い。徒歩旅行ではときにはそういう道に踏み込むことがあるので、そんなときには不便だ。

　その点、国土地理院による電子地形図には、山のなかを抜ける細かな登山道もしっかり記載されている。もともとの紙版の地形図は、昔からハイカーに愛用されてきたことからも信頼性は高い。さすが官製。ただしこれにも弱点があって、民間のものほど小まめなアップデートがされないのだ。とくに細かな道ほどその傾向があって、昔はたしかにあったものの、使われなくなって廃道同然になってしまった道もそのまま記されていたり、逆に最近になって新しく整備された遊歩道などは反映されていないことがある。

　つまり現状では、徒歩旅行にはどちらも一長一短。街中だけならコンビニなども記されている民間地図、登山道も歩く可能性がある場合は地理院地形図の併用がお勧めだ。

# 第3章 乗り物も楽しむ徒歩旅行

トロッコ列車に渡し船、ローカル線にケーブルカー、乗り物と徒歩旅行の楽しい関係を満喫しよう。

かつての信越本線横川駅と軽井沢駅間で使われていた下り線を、今はトロッコ列車が走る。急勾配をグイグイと上っていくさまは、子どもならずとも思わず身を乗り出す

# 碓氷峠鉄道文化むらとアプトの道《うすいとうげてつどうぶんかむらとあぷとのみち》

## かつての難所、峠越えの廃線跡を歩いて旅する

群馬県

1997年（平成9年）、長野新幹線（当時）の開通にともなって信越本線の横川―軽井沢間が廃止になったのには驚いた。東海道本線や東北本線などと並ぶ「本線」がまさか分断されようとは。まあその後、北陸新幹線の開通によって長野―直江津間も第三セクター化されたりなんだりで、もはや「信越本線ってなに？」状態なのではあるが。

さて、そのまっ先に廃止された信越本線の横川と軽井沢の間だが、やがてその跡地を利用して「碓氷峠鉄道文化むら」という鉄道テーマパークが開設された。そこには碓氷峠を実際に走っていた車輛をはじめ、さまざまな国鉄時代の車輛を展示、電気機関車の体験運転もできるらしい。なかでも徒歩旅行的に興味深いのは、廃線跡を利用して整備された「アプトの道」と呼ばれるハイキングコースだ。ここを歩いて、信越本線が通っていた時代を

「碓氷峠鉄道文化むら」には、さまざまな電車、機関車が野外展示されている。風雨にあたって次第に色褪せてきたそれらは、なんだか化石のようにも見えてくる

感じてみよう。

JR横川駅を下りると、目の前にすぐ「碓氷峠鉄道文化むら」が現れる。駅からは今も線路が敷地内に延びており、紛れもなくここに鉄道が走っていたことを物語っている。

そして横川駅で忘れてはならないのが駅弁「峠の釜めし」。駅弁といえば折り詰めが常識だった1950年代、陶製の容器で販売を始めて人気を博したお弁当だ。食べたあとにも容器が重いのがちょっと難だが、途中で食べるお弁当としてぜひ買っていこう。

鉄道文化むらに展示されている車輌は、昭和世代には懐かしいものばかり。あれこれじっくり見学したいところではあるが、今回はメインテーマではないので先を急ぐ。

　ただし、そうはいってもここでぜひとも乗ってみたかったのが、旧信越本線の下り線を利用したトロッコ列車。アプトの道と並走するように、2・6㎞先の「とうげのゆ」駅まで約20分のプチ鉄道旅行を楽しめるのだ。

　アプトというのは鉄道が急斜面を走行するときの方式のひとつで、簡単にいえば二本のレール以外にギザギザの歯がついたものを設置し、ギアを噛ませながら登り降りするというもの。碓氷峠の勾配は最大で66・7‰（約3・8度）と、全

展示されていたアプト式の歯車。こんなごつい歯車がかみ合って急勾配をギリギリと上っていたのかと想像すると、なんだか自分の奥歯にも力が入ってしまう

アプトの道では途中で何度もトンネルを通過する。どれも実際に鉄道用トンネルとして長年使われていただけあって、年季の入りかたに歴史を感じる

国でも有数の難所だったことからこの方式が採用されたのだった。

たしかにトロッコ列車の最前列からは、前方へと徐々に勾配を上げていく線路が望め、最前列ではチビッコが食い入るようにその様を眺めている。

列車が終点に到着したら、いよいよ廃線跡歩きだ。ちなみにこのトロッコ列車。運航は一日5本かつ3～11月の土日のみなので、計画時には考慮を。たとえ列車を利用しなくても、その区間は小一時間もあれば歩けてしまう。

すでにコース上のレールは撤去されてしまっているが、そのぶん道はフラットで歩きやすい。鉄道にとっては難所だったという勾配も、人間の足にはさほど負担ではない。周囲は美しい緑に囲まれ、ときには彼方の山々や碓氷湖なども現れて楽しいが、このコースの一番の見どころは、ゴールの熊ノ平までに抜ける合計10本ものトンネルと数々の橋梁。

トンネルはどれも歴史を感じさせるレンガ積みで、途中でカーブするトンネルでは出口を見通せないまま足を踏み入れたりもして、ちょっとスリリング。橋のほうはといえば、一番人気があるのが碓氷橋第3橋梁、通称「めがね橋」。これは200万8000個のレンガを用いて造られた四連アーチ式鉄道橋で高さ31m、長さ91mを誇る。

めがね橋に辿りつくまでは、実際に自分が渡ってしまったら、美しい橋のシルエットを眺めることができないんじゃないだろうかとちょっと不安だったのだが、実際には少し脇に入って斜めから見ることができるうえ、お望みとあれば下を通る車道まで下る道もつけられていた。

めがね橋をすぎればゴールの熊ノ平までは30分ほど。熊ノ平からは往路を戻るのが無難だろう。僕はここから碓氷峠を越えてみたくて軽井沢まで車道を歩いたが、曲がりくねった道が続くうえ、歩道が狭いところも多い。峠道とあって、なかにはコーナーを攻める走り屋まがいのクルマがいたりして、徒歩旅行のフィールドとしてはあまりお勧めできない。

最大の見物ともいえるのが「めがね橋」。その美しいシルエットは、橋上を歩くか下から見上げるかちょっと悩ましいところだが、ならばいっそ下って上って両方経験しますか

時間的には熊ノ平から2時間ちょっとでJR軽井沢駅に至る。山深い峠道から碓氷峠を越えた瞬間に、前方にはそれまでとはまったく異なる高原地形が現れるのはそれなりに感動するが、前述のようなリスクがあることは知っておきたい。

## DATA

**⦿モデルプラン**：JR信越本線横川駅→碓氷峠鉄道文化むら→碓氷峠トロッコ列車線ぶんかむら駅→とうげのゆ駅→めがね橋→熊ノ平→めがね橋→とうげのゆ駅→横川駅

**⦿歩行距離**：約9.5km

**⦿歩行時間**：約3時間

**⦿アクセス**：起終点の横川駅までは、東京駅から高崎駅まで上野東京ラインで約2時間。新幹線なら約50分。そこから信越本線で約35分

**⦿立ち寄りスポット情報**：碓氷峠鉄道文化むら＝安中市松井田町横川407-16。☎027-380-4163。9:00～17:00(11～2月は～16:30)。火曜(祝日の場合翌日、8月は営業)、年末年始休。一般500円。碓氷峠トロッコ列車線＝片道一般500円。3～11月の土日祝、8月は毎日運行

あかいわとせんと
おおいずみまち

# 赤岩渡船と大泉町

埼玉県
群馬県

## 渡し船で大河を渡り、東京から一番近いブラジルへ

群馬県大泉町といえば、東京から一番近いブラジルとして有名だ。富士重工をはじめとする工場がたくさんあり、そこでの働き手として日系ブラジル人の子孫たちが暮らし始めるようになったのがその成り立ちといわれている。4万人強の町民人口のうち、ブラジル人が占める割合は4000人以上、つまり10人にひとりがブラジル人という計算だ。そんなこともあってこの街を訪ねると、町のあちこちにブラジル料理店や食材店、洋品店などが点在し、そこかしこからポルトガル語の会話が耳に入ってくる。

この町へ向かうのに一番オーソドックスな方法は、東武鉄道で館林を経由して西小泉駅で下車することになるが、それでは徒歩旅行にはならない。なにかおもしろいルートはないものかとあれこれ調べたところ、見つけましたよ。埼玉県側から渡し船で利根川を越えて大泉町に入国?する方法を。よし、このルートで行ってみよう。

目指すのはJR高崎線の熊谷駅。そこから葛和田行きのバスで利根川へ。終点の葛和田はまさに利根川の河畔に位置し、目の前に渡し船の船着き場がある。この渡し船は赤岩渡船と呼ばれ、埼玉県の葛和田と群馬県千代田町の赤岩とを結んでいる。埼玉県と群馬県を結ぶ県道の代用として運航されているというのも興味深い。つまり利根川の川面に見えない県道が通っているということか。そんな理由もあってか運賃は無料。

運営は千代田町に委託されていることから、渡し船は通常、群馬県側の桟橋に待機しており、渡船夫が常駐する小屋も建てられている。では埼玉県側から乗るにはどうするのかというと、旗を揚げるのである。インターネットが世界を繋いでいる時代に旗！　なんだかうれしくなってくる。さっそく待合小屋の前に立つ旗竿で黄色い旗をスルスルと上げつつ、対岸に停泊中の船の様子をうかがっていると、おお、カーブを描くような航跡を残しつつこちらに向かってくるではないか。対岸にいたときは小さく見えた船も、いざこちらに接岸してみると意外と大きく、定員は25人。

やがて渡し船は乗客を乗せて出航。一週間ほど前に台風が大雨を降らせたのでその影響が心配だったが、利根川の川面は鏡のような静けさ。船頭に聞くと、さすがに台風の直後

「乗客あり」を知らせる旗を揚げると、ほどなく対岸からやってきた渡船「千代田丸」。この渡船の歴史は古く、文献によると戦国時代から運航されていた記録があるのだとか

は欠航になったらしいので、不安なときはあらかじめ確認しておいたほうがいいだろう。

おりからの晴天で見晴らしも最高だ。遠くに外秩父や赤城の山々も望める。そんな風景を眺めているうちに、わずか5分ほどの船旅は終了。群馬県に足を踏み入れる。

ここからは利根川の河川敷に延びている遊歩道を歩いて大泉町へ。左手を流れる利根川は、さすがに日本三大河川に数えられるだけあって雄大だ。ときには川の真ん中に大きな樹木がジャングルのように密生した中州が現れる。カヌーで上陸したら楽しそうだ。

利根川沿いの遊歩道を歩きながらふと上空を見上げれば、そこには音もなく空を舞うグライダーの姿が。河川敷の滑空場から離着陸する姿をたびたび目にすることができた

上空になにか影が流れたので見上げると、白いグライダーが飛んでいた。そう、先ほど後にした埼玉県側の船着き場近くには、グライダーの滑空場があるのだ。動力を持たないグライダーはエンジン音を響かせることもなく、長い主翼を広げ静かに飛ぶ姿はなんとも優雅。

そんな光景を目にしながら歩いていると、道沿いに「マムシに注意」の看板が。マムシがいるのかとも思いつつまじまじと見ると、そこには見慣れぬ言語が書かれている。ポルトガル語だ。どうやら大泉町に入ったらしい。この看板にかぎらず、大泉町ではブラジル人に配慮してさまざまな告知等にポルトガル語も併記しているのだ。

　やがて右手にナイター設備が整った町営野球場が見えてきたら、そこから町の中心を目指す。目印としてうってつけなのが、野球場の手前に立つ謎のコンクリート構造物。高さは5mほどだろうか。かなり時代を感じさせるものだが、実は過去に大泉町と熊谷を鉄道で結ぶ計画があり、これはそのとき利根川を越えるために築いた橋脚の一部なのだ。しかしその計画も太平洋戦争により頓挫。現在は墓碑のごとくその姿を晒している。

　ちなみに東武小泉線の終着駅は西小泉駅だが、過去にはこの界隈まで貨物線が延びていて、駅もあったらしい。しかし

利根川の土手の脇に建つ、謎のコンクリート製構造物。その正体は、かつて熊谷駅とこれから目指す西小泉駅を鉄道で結ぼうとして、かなわなかった名残だった

それも1976（昭和51）年には廃止。現在、跡地は公園や緑道として整備されている。つまり、それを辿ればゴールの西小泉駅に着くわけだ。

さてあとひと歩き。お腹もいい具合に空いてきた。ゴールしたらやはりブラジル料理を食べたいな。フェジョアーダか、それともシュラスコか。早くも頭のなかは食欲モードへ変わりつつあった。

河川敷に掲げられていた「マムシに注意」の看板。ポルトガル語が併記されている（写真上）。西小泉駅にもほど近い商店の軒先に並んだ野菜にも、ポルトガル語の表記がずらり（写真下）

## DATA

**⊙モデルプラン**：JR高崎線熊谷駅→葛和田→赤岩→計画線遺構→東武小泉線西小泉駅
**⊙歩行距離**：約9.5km
**⊙歩行時間**：約3時間
**⊙アクセス**：起点の熊谷駅へは、東京駅から上野東京ラインで約1時間10分。そこからバスで葛和田まで約30分。終点の西小泉駅からは東武小泉線で館林駅まで約20分、東武伊勢崎線に乗り継ぎ久喜駅へ。そこから上野東京ラインに乗り継いで東京まで約1時間半
**⊙立ち寄りスポット情報**：赤岩渡船＝☏0276-86-7003（千代田町都市整備課）。8:30～17:00（10～3月は～16:30）。年末年始は変則運航。無料

# 越中島支線と亀戸天満宮《えっちゅうじましせんとかめいどてんまんぐう》

## あの日偶然目にした、幻のような鉄道を探して

東京都

昔、江東区大島に住む友人宅で忘年会だか新年会だかをしたときのこと。酒と肴を買い出し、部屋でさあ乾杯となったときに異変は起きた。そこはマンションの二階か三階だったが、窓辺をいきなり自分たちと同じ高さでディーゼル機関車が通過したのである。それも当時でさえあまり見なくなった、横から見ると漢字の凸字型をした朱色の機関車だった。

東京近郊の鉄道網はぼんやりながら頭に入っている。機関車はおろか、そもそもそんなところに線路があるのが驚きだった。部屋の住人に尋ねると、「そうなの。ときどき来て、洗濯物を干したりしてると運転士と目が合うのよねー」とさほど意に介したふうもない。その場にいた男たちだけが、妙に鼻息を荒くしてその光景を見送ったのだった。

今思い返せば、あれがJR越中島支線だったのだ。都内唯一の非電化線にして、数少な

東陽町駅から歩くことしばし。東京のウォーターフロントに、赤く錆びた単線のレールが現れた。これが越中島貨物駅と小岩駅間を結ぶ越中島支線だ。都内に残る最後の非電化路線だという

い貨物専用線。調べると小岩駅から越中島貨物駅間はまだ運行している。あの驚きの再確認のためにも、この路線沿いを歩いてみよう。

まずは終点の越中島貨物駅を目指して、東西線東陽町駅から南下。汐浜運河を越えると前方にいくつもの電車が見えてきたので、「あれかっ!」と思ったが、近づいてみるとそこに並んでいるのは全部東西線の車輌。どうやら東西線の車両基地のようだ。

基地伝いに東に向かうと、やがて赤茶けたレールが延びる単線の踏切が登場。これが越中島支線だ。そこからは線路沿いに歩いた先にあったのが、東京レール

越中島支線が永代通りと交差するところに設置されている大きな踏切。道幅が広いので両側から遮断機が下りる。遮断機だけでなく、踏切信号がついているのも珍しい

センターという看板。このあたりが越中島貨物駅らしい。人の乗降もないのでホームも必要ないのだろう。

　気になったのは併設されていた長距離バスの広大な停車場。全国各地のナンバープレートをつけたバスがごっそりと停められている。ここも、もともとは越中島貨物駅の一部だったはずだが、本業縮小のあおりなのか、長距離バスの待合場に転用されたようだ。

　そもそも越中島支線は、途中にある小名木川や、さらに先にある晴海や豊洲との物流路線として使われていたそうだ。しかし貨物需要の低下などにより、現在はここにあるレールセンターからレール

東西に流れる竪川の上を越中島支線の橋梁が渡り、その上を首都高が竪川を覆いかぶさるように延びている。川、鉄道、道路。都心では用地の確保も大変。実はこの竪川も人工的につくられた運河だ

やバラストの搬送にのみ従事するようになったとのこと。レールを運ぶために路線が存続しているというのもなんだか皮肉な話だ。

　ここからは路線沿いを亀戸方面に北上。とはいっても、はじめのうちは建物や駐車場に妨げられ、やや離れた明治通りを歩かざるをえない。永代通りとの交差点でようやく線路に近寄れるが、ここでいきなり線路と平面交差、永代通りが広いだけに遮断機も巨大だ。

　高層マンション沿いを線路と平行してさらに北上。葛西橋通りまで来たところで、ようやく線路際を歩けるようになった。案内板によると、ここは線路跡地を

公園にしたもので、名前もズバリ「南砂線路公園」。わかりやすい。その先の線路沿いには「アリオ北砂」という商業施設があるのだが、ここも以前は小名木川駅という越中島支線の駅だった。ひとつの駅にしては広すぎじゃないかとも思ったが、当時の小名木川駅の面積は東京ドームの2倍以上とのこと。それだけ物流の拠点だったということか。

そこからは線路に近づいたり離れたりを繰り返しながら、少しずつ亀戸駅に近づく。途中で現れる鉄橋の橋脚が、古めかしいレンガ積みで歴史を感じさせるが、それも越中島支線の開業が1929（昭和4）年と知れば納得だ。

ここまで歩いてきて残念だったのが、実際に走る機関車の姿を見られなかったこと。一応、一日に3往復ほどはしているらしいのだが、運行や時刻はけっこう流動的らしい。しかし、ずっと線路沿いを歩いてそれでも遭えなかったのは、いわゆる「もってない」ということなんだろうなと、やや自嘲気味に線路の写真を撮ろうとしたときのこと。なんと、遠くから「タタンタン」というレールに響く音が聞こえてくるではないか。思わず線路の先を見ると、そこにはあの日見た朱色のディーゼル機関車が！　まさに「キター！」である。築堤上を走っておりアングルはよくはなかったが、それでも今日の旅も終わりというところでよくぞ。すれ違ったほんの数秒間に機関車の姿をカメラに収め、達成感に満ち

あきらめかけていたころ、突然レール音とともに現れたディーゼル機関車DE10。凸型をした朱色の機関車、昔はけっこうありふれた存在だったが、最近はめっきり見かけなくなってしまった

てゴールの亀戸駅を目指す。

旅の仕上げは駅の反対側にある亀戸天満宮へ。参道近くの『船橋屋』でくず餅をいただこう。創業215年を数えるこのくず餅は、15カ月もかけて発酵させるのに、賞味期間はわずかに2日というはかなさ。こりゃあ食べていかないと。

## DATA

**⦿モデルプラン**：東京メトロ東西線東陽町駅→JR越中島貨物駅→南砂線路公園→亀戸天満宮→JR中央総武線亀戸駅
**⦿歩行距離**：約9.5km
**⦿歩行時間**：約3時間半
**⦿アクセス**：起点の東陽町駅へは、東京メトロ大手町駅より東西線で約10分。終点の亀戸駅からは、中央総武線で秋葉原駅まで約10分
**⦿立ち寄りスポット情報**：亀戸天満宮＝江東区亀戸3-6-1。℡03-3681-0010。船橋屋天神前本店＝江東区亀戸3-2-14。℡03-3681-2784。9:00〜18:00。無休

# みの石ボートと嵐山

みのいしぼーととあらしやま

神奈川県

## 湖を縦断する渡し船、湖畔にそびえる山を越えて

神奈川県北部、東京都と山梨県との県境にもほど近い場所に水を湛えているのが相模湖だ。神奈川県民の水瓶として造られた人造湖で、戦後一番最初に完成したダムだとか。そんな時代にできたダムだけあって、観光要素も強く、今も湖面には遊覧船が浮かび、釣り人の姿も見かけるのだが、そんななかに渡し船も運航していることを知った。湖の渡し船、それはおそらく初めてだ。そしてせっかく相模湖まで行くのなら、行きがけの駄賃とばかりに、湖畔に佇む小さな山、嵐山も登ってしまうことにしよう。

ＪＲ相模湖駅から駅前に出ると、「ようこそ相模湖」と書かれたアーケードが迎えてくれて時代を感じさせる。まずは湖に向かって坂を下り、そこからは湖畔に沿って相模大橋を渡って嵐山登山口へ。途中、湖が大きく泡立っているのを目撃。これで湖面がビカッビ

相模湖駅前のアーケードを抜け、国道に出たら東へ向かうと目の前に見える山が嵐山だ。駅から小一時間で登頂できるお手軽登山。山頂には小さな鳥居と石祠が祀られている

カッ！と光ろうものなら、完全に怪獣が現れる前兆なのだが、実際には水質改善のためのエアレーションとのこと。水槽に入っている「ブクブク」の超巨大なものだね。

相模ダムの少し先にある登山口から、嵐山の山頂を目指す。標高わずかに406m。頂上まで約30分ときわめて至便？な山なのだが、そのぶん登りは急で、予想以上の汗をかかされる。やがて到着した山頂は樹林に覆われているものの、唯一相模湖を望める方角だけは視界が開け、その先には相模湖が湖面を輝かせていて美しい。この風景は「神奈川県景観50選」にも選ばれているそうだ。

嵐山の山頂からは相模湖方面の展望が開けている。この山が嵐山と呼ばれるようになったころには、まだ相模湖はなかったはず。当時は、ここから相模川の渓谷美を一望できたのだろうか

そもそもこの嵐山、もともとの名前は「間《あい》の山」といったらしい。しかし弘法大師がこの地を訪れたおりに、京都の嵐山に景観が似ていると語ったことからそう呼ぶようになったとか。たしかにそういわれると、付近には桂川や高尾など京都と共通する地名も点在する。

頂上でのんびりひと休みしていると、遠くから子どもたちの歓声が聞こえてくる。おそらくこの山の南側に位置する遊園地『プレジャーフォレスト』からのものだろう。僕らの世代としては以前の『相模湖ピクニックランド』という名前のほうがなじみ深いのだが、それももう10年以上も昔の話である。

頂上から鼠坂方面を目指してしばらく歩くと、周囲は新緑の竹林が広がるようになる。風に吹かれて、竹の葉っぱがサラサラとたなびく音が耳に心地いい

頂上からは南に向かって下山する。道は緩やかなぶん曲がりくねっており、下山口までは約1時間。しかし途中には広葉樹の森をはじめ、竹林を抜けたり、小沢を木橋で越えたりと、小さな山のわりにはメリハリに富んでいて楽しい。

プレジャーフォレストの広い駐車場が左手に現れると、下山口の鼠坂《ねんざか》集落は近い。鼠坂というちょっと変わった名前のこの場所は、かつては小田原、甲州方面への関所が設けられていて、往来が厳しく制限されていたそうだ。

さあ、ここまで来たらいよいよ当初の目的である渡し船だ。車道に出たらすぐに相模湖方面に行きたくなってしまうが

しばし待て。車道の反対側へ歩道橋で渡ると、民家の隙間に細い路地があるので、そこを抜けて奥に並走する旧道を右へ向かうのが正解だ。

やがて道端に「渡し舟」と書かれた巨大な看板が現れるので、そこからは登山道のような細道を下っていく。途中には文字も判別できぬほど古びた石碑が並んでいたりして、この道はこの道で歴史がありそうだ。

下ること数分。相模湖の湖畔が現れ、そこには桟橋も据えられているのだが、肝心の渡し船がいない。さて渡し船はどこにと思って周囲を眺めると、目の前にずいぶんと年季の入ったドラム缶と棒が置かれている。書かれた説明によると、このドラム缶を棒で叩くと対岸から迎えに来てくれるのだそうだ。おそるおそる「ゴーン！」とドラム缶を打ち鳴らしてみると、向こう側から「はーい」という声が聞こえてきて、やがて動力つきの小舟が現れた。

実は対岸には「みの石滝キャンプ場」という、船でしか来られない（！）キャンプ場があり、この船は主にキャンパーたちの送迎や、食料など日用品の輸送に使われているのだそうだ。それをいつからか近郊の山を下ってきた登山者も利用するようになり、ＪＲ相模湖駅までほど近い、相模湖公園の湖畔まで送るようになったそうだ。

船着き場に書かれている通りにドラム缶を叩く。静かな湖畔に騒音を立てるのは申しわけないが、聞こえなくて渡し船が来てくれなくても困るので、ここは思い切りよく

僕を乗せた船は湖畔を滑るように進んでいく。基本年中無休で営業しているとのことだが、風が強いときだけは危険なため欠航もあるという。この日は天候も穏やかで、相模湖公園へ無事到着。湖畔を流れてくる爽やかな風が、山歩きで汗をかいた肌に心地よかった。

**DATA**

**◉モデルプラン**：JR中央本線相模湖駅→嵐山→鼠坂→みの石ボート→相模湖公園→相模湖駅
**◉歩行距離**：約5km
**◉歩行時間**：約2時間
**◉アクセス**：起終点の相模湖駅へは、JR新宿駅から中央線を高尾駅で中央本線に乗り継ぎ約1時間
**◉立ち寄りスポット情報**：みの石ボート＝相模原市緑区若柳1628。☎080-5485-3014。10:00～17:00。天候により欠航あり。一般600円（ひとりの場合は1000円）

※2020年2月現在、嵐山から鼠坂へ下る登山道は、2019年秋の台風の影響により通行不能になっています。

# 筑波山とロープウェイ&ケーブルカー《つくばさんとろーぷうぇい あんどけーぶるかー》

## ロープウェイにケーブルカー、仕上げは田園地帯の廃線跡を辿って

——茨城県

茨城県民はもちろんのこと、関東人にとって筑波山はなじみ深い山だろう。関東平野から西を臨めば富士山が見えるのと同様、東に眼をやればたいていこの筑波山の双耳峰ピークが目に入る。もちろん標高は１０００ｍにも満たず、その点では富士山に及ぶべくもないが、周囲に高い山があまりなく、あたかも独立峰のように見えるのもポイントが高い。一度くらいは小学校の遠足などで登ったこともあるのではないか。

この筑波山の魅力のひとつに乗り物がある。山登りのための乗り物といえば、ケーブルカーとロープウェイが知られているが、

たいていは、あってもどちらかひとつ。なのに、ここにはその両方があるのだ。乗り物好きとしてこれを素通りするわけにはいかない。

　つくばエキスプレスのつくば駅からシャトルバスで登山口を目指す。車窓には早くも筑波山がその山容を見せる。やがて終点のつつじヶ丘で下りれば、そこはもうロープウェイ駅の目の前だ。すぐにもロープウェイに乗りたいところだが、少し寄り道していこう。ここにある土産物屋兼大食堂兼アミューズメントパーク兼その他いろいろ兼の施設は、知る人ぞ知る昭和の香り満載のスポット。巨大なガマ大明神や、もはや動くのかも定かではない遊具の数々は、昭和生まれには感涙ものだ。

　さて、あらためてロープウェイへ。1965（昭和40）年竣工というこのロープウェイは、距離にして約1200m、高低差298mを約6分で筑波山にふたつあるピークのひとつ、女体山頂上直下まで連れていってくれる。ロープウェイは乗っているゴ

この光景だけ見ると、ここがロープウェイとちょっとの歩きだけで辿り着ける場所には思えない。まるで八ヶ岳や北アルプスのどこかの山頂からの眺めのようだ

つつじヶ丘を出発したロープウェイは、わずか6分ほどの乗車時間で、筑波山の女体山山頂直下まで連れていってくれる。写真の右上に見える尖ったピークが女体山山頂だ

ンドラそのものには動力がないので、カクンという小さな振動とともに音もなく出発。足元にはパノラマが広がり、これが吊されて移動するロープウェイの醍醐味でもある。

途中で対向するロープウェイとすれ違い、女体山山頂が間近に見えれば女体山駅に到着だ。ここまで来れば山頂はひと息の距離。山頂からは全方位の風景を俯瞰でき、日本第二の広さを誇る湖・霞ヶ浦も手に取るようだ。女体山の山頂は尖った岩峰でなかなかスリルがある。このちょっとしたアルピニズム感も、筑波山人気の理由のひとつかもしれない。

ここからは尾根を伝って男体山へ。下

った鞍部には茶店が何軒か並び、ケーブルカーの駅もある。ここから男体山の頂上までは往復20分ほどだ。

　そして今度はケーブルカー。こちらの開業はなんと1925（大正14）年。1634m、標高差約500mを約8分で結ぶ。宙吊りで運ばれるロープウェイにくらべたら、斜面を昇降するケーブルカーのほうが安心感があるという人がいるけれど僕は逆。どちらもケーブルが命綱になっているという点では一緒で、最悪、一瞬で墜落するロープウェイより、どんどん加速がついて駅に突っ込んでいくという想像のほうが恐怖感を感じてしまうのだ。

上りではロープウェイに乗り、下山はケーブルカーを利用するラクチン登山。途中、対向してくる車両とすれ違う場所で、運転士がお互いに挨拶を交わすのが、見ていてなんだか清々しい

もちろん、実際にはきわめて安定した走行でケーブルカーは終点の宮脇駅へ。降り立てばそこはもう筑波山神社の眼の前だ。行きも帰りも乗り物に乗って、それで山登りなのかと眉をひそめる人もいるかもしれないが、今回は乗り物がテーマだからそれでいいのだ。そして乗り物がテーマだから、ここからさらに続きがあるのだ。

車道をずんずん下っていくとやがて現れる関東鉄道バスターミナルの場所は、かつて関東鉄道筑波線の駅だった。筑波線は1987（昭和62）年に廃線となってしまったが、その廃線跡は「りんりんロード」と呼ばれる、自転車と歩行者専用の道として整備されている。今回の締めとして、この道を歩いてみたかったのである。

当時の「筑波駅」には現在もホームが残され、そこから一段下がった場所を道は延びている。歩き始めると周囲はいきなり田園風景に囲まれ、その向こうには筑波山。絵に描いたような里山の光景のなかを歩いていく。今から30年ほど前までは、ここを一輌だけの車輌がトコトコ走っていたのかと思うと、なんだか夢の世界のようだ。いや、経営が成り立たなかったから廃線になったわけで、「夢」なんてロマンチックな言葉ではすまない現実があったのだろうが。

時間は夕刻。ヘルメットを被った自転車通学の中学生、そしてウォーキング中のご年輩

かつて関東鉄道筑波線が通っていた廃線跡は、現在ではサイクリングロード兼遊歩道として整備されている。背景の筑波山とまっすぐ延びる道の対比が美しい

とすれ違う。鉄道が通っていた当時も、主な乗客は通学の中高生や病院通いの中高年だったのではないだろうか。そう考えるとこの道も姿形こそ変え、当時から必要としている人々に愛用され、継承されているのかもしれない。

**DATA**

**⦿モデルプラン**：つくばエキスプレスつくば駅→筑波山ロープウェイつつじヶ丘駅→女体山駅→女体山山頂→男体山山頂→筑波山ケーブルカー山頂駅→宮脇駅→関東鉄道バスターミナル→北条三差路バス停→つくば駅

**⦿歩行距離**：約9km

**⦿歩行時間**：約3時間

**⦿アクセス**：起終点のつくばエキスプレスつくば駅へは、秋葉原駅から約45分。そこからつつじヶ丘駅まで約50分。終点の北条三差路バス停からつくば駅（つくばセンター）へはコミュニティバスで約1時間

**⦿立ち寄りスポット情報**：筑波山ロープウェイ＝📞029-866-0945（つつじヶ丘駅）。一般片道630円。筑波山ケーブルカー＝📞029-866-0887（筑波山頂駅）。一般片道590円

# 水上バスと隅田川

すいじょうばすとすみだがわ

**東京都**

## 船で徒歩で、海辺から隅田川を遡上せよ

隅田川といえば花火大会や唱歌『花』の歌詞（「は～るのうら～らの～」っていうやつ）、浅草や築地など、川沿いのグルメ街でもお馴染みだ。そしてそんなときによく見かけるのが、川面を気持ちよさそうに上下する水上バス。あれって、観光客が利用するのはよく聞くけれど、東京在住だと意外と乗る機会が少ない。かくいう僕もそのひとりで、東京ビッグサイトに出かけるのに、日の出桟橋からの便は利用したことがあるが、本格的に隅田川を航行するものには乗ったことがない。ならば一度乗ってみようではないか。そして乗ったあとにはそのまま歩いて隅田川を遡行してみようではないか。

せっかく乗るなら長い距離がいい。とすると起点はなるべく下流側、というよりもはや海のお台場海浜公園だ。ここから浅草までダイレクトに運航する水上バスに乗ってみる。

『エメラルダス』の船内の一画には、こんなラウンジのようなスペースも。上部もガラス張りになっているので、リバーサイドの高層ビルやスカイツリーも見上げられる

そしてどうせ乗るなら新造船ということで、2018（平成30）年に就航した「エメラルダス」をチョイスする。船名からもわかる人はわかるように、この船は漫画家の松本零士さんがデザインに関わったもの。うねるような曲線が多用されたフォルムは、いかにも彼の画風を彷彿とさせる。そのデザインは海外からの旅行者にも人気のようだ。

出航時間の5分前に乗船開始。エメラルダスにはデッキもあるので、まずはそこに上がって風景を楽しむ。前方をまたぐレインボーブリッジをくぐると、その先にはタワーマンションを始めとする高層ビルが連なっていて、ちょっと見ない

デッキに上がってこれから進む航路を眺める。海は鏡のような静けさ。正面のレインボーブリッジの手前右に見えるのは、『東京湾奥の人工群島』でも訪ねた台場公園だ

うちに海辺からの東京の風景はこんなにも変わったのかと驚く。

やがて隅田川に進路を取り、最初の橋である築地大橋を渡るにあたって、デッキは閉鎖される旨を告げられる。理由は、これからくぐる橋によっては高さ的に危険があるためだとか。なるほどなと思ういっぽう、キャビン内からは橋の全貌は見にくいわけで、ちょっとツライところだがしかたがない。窓越しに橋をや川辺の街並みを眺める。

次に登場するのは勝鬨《かちどき》橋。隅田川唯一の跳開橋、つまり橋の真ん中が開いて船舶の航行を妨げないようにできる橋だ。コミック『こち亀』では、少年時代の両

スカイツリーが間近に見える浅草まで来たら、水上バスの旅はおしまい。ここからは隅田川に沿って歩いていこう。眼前を渡っているのは東武スカイツリーラインの橋梁だ

さんが友だちのために勝手にこの橋を開けてしまう神回があったが、実際には1970（昭和45）年を最後にこの橋が開いたことはない。

その後は築地と佃島を繋ぐ佃大橋。この橋ができる1964（昭和39）年まで、ここには「佃の渡し」と呼ばれる渡し船が運航していた。さらに隅田川の橋で一番優雅なデザインといわれる清洲橋。次の新大橋は、個人的に母がこの橋近くの生まれということで思い入れがある。やがて両国橋や駒形橋、最後に吾妻橋をくぐれば浅草に到着だ。

浅草といえば本来なら食べたり飲んだりしたいところだが、ここはスルー。だ

って今日はまだ全然歩いてないからね。浅草から上流に向けては川沿いに「水辺のテラス」と呼ばれる遊歩道が続いていて、快適な歩きを楽しめる。ベンチでは近所のコンビニで食事を仕入れてきたであろう外国人旅行者がピクニックを楽しんでいて、さすがお金をかけずに旅を楽しむ術を知っているなというところ。

これが言問橋を過ぎるあたりからは、だんだん地元の人がくつろぐ場所となり、さらにX字状の人道橋である桜橋の先では、昼からビールを飲んでご機嫌のお父さんも登場したりして、少しずつ川辺の風景は変わっていく。

白鬚橋周辺では一時川沿いを歩けなくなったが、その先ですぐに復活、さらには堤防上を歩く道も現れて、高台から左右の風景を眺められるのがうれしい。それまでは陸側はコンクリート製の堤防に遮られて、様子がまったくわからなかったのだ。

やがて隅田川が西へと大きくカーブを描くようになると千住大橋も近い。そこから少し行けば町屋の町並みだ。台場、浅草、千住、町屋といったこれまで点でしかなかった町々が、隅田川を辿ることによって線でつながったとき、今までより少しだけ東京の下町を知ることができた気がした。

隅田川の起点はここからかなり先、赤羽の岩淵水門付近で荒川と分流する場所だが、そ

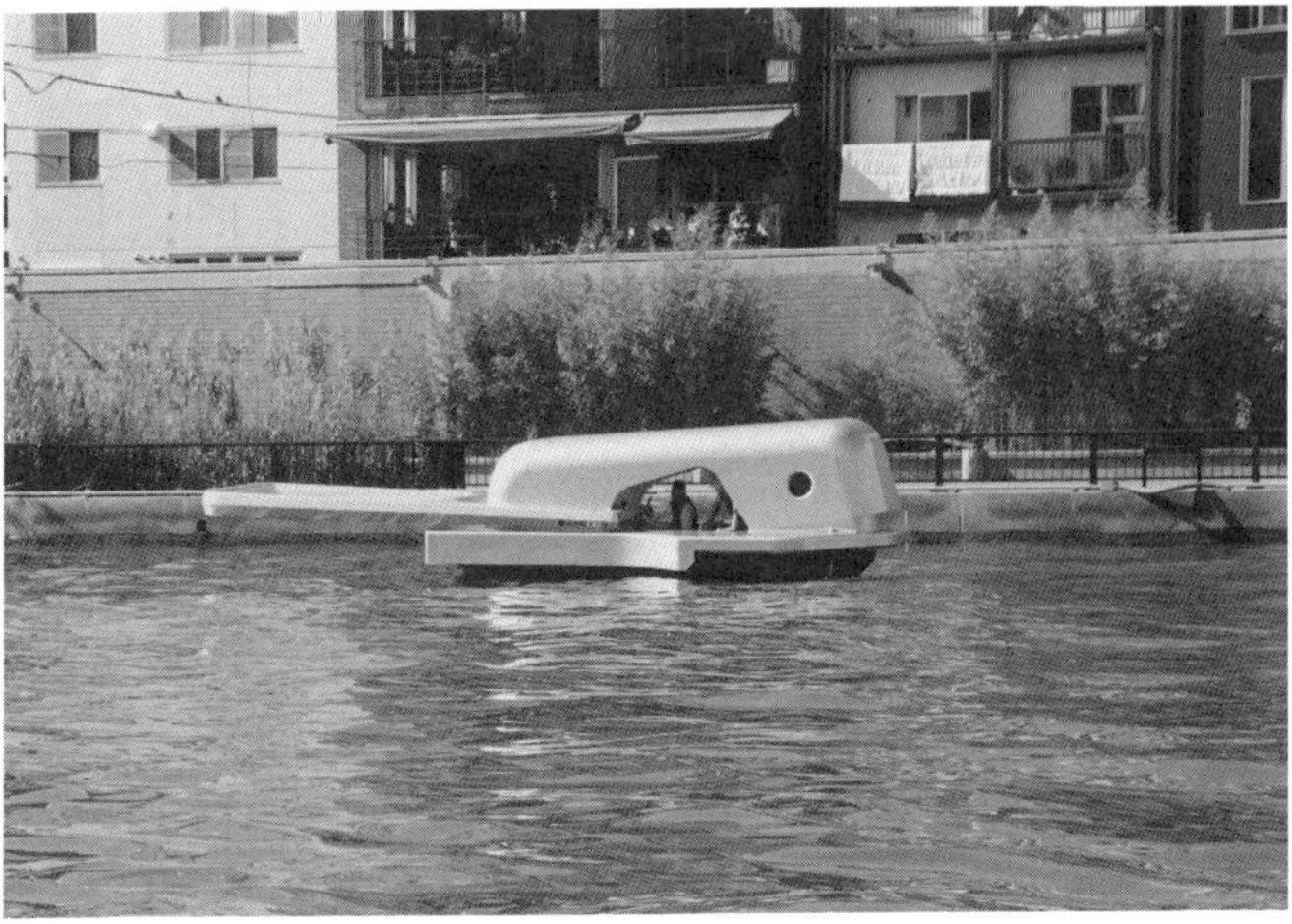

途中、不思議な形をした船とすれ違った。これは「ファスナーの船」と呼ばれる芸術作品で、上空から眺めると、航跡があたかも川面のファスナーを開いたように見えるのだとか

こまで歩くのは半日ではちょっと荷が重いうえ、この先からは川辺を歩けない場所もところどころに出てきてしまう。それよりは酒場や銭湯が多いことで知られる千住界隈で上がりにするのが、楽しい旅というものだろう。さて、どこに寄ろうかな。

**DATA**

**⦿モデルプラン**：ゆりかもめお台場海浜公園駅→エメラルダス→浅草→言問橋→白鬚橋→千住大橋→北千住駅
**⦿歩行距離**：約7km
**⦿歩行時間**：約2時間半
**⦿アクセス**：起点のお台場海浜公園へは、ゆりかもめ新橋駅から約15分。終点の北千住駅からは、東京メトロ日比谷線で上野駅まで約9分
**⦿立ち寄りスポット情報**：エメラルダス＝所要約55分。一般1720円

# ユーカリが丘線と結縁寺の谷津《ゆーかりがおかせんとけちえんじのやつ》

## 田んぼを越えて川を渡り、気になるアノ鉄道を目指す旅

千葉県

千葉ニュータウンは、東京の多摩、神奈川の港北と並んで、関東地方を代表するニュータウンだ。東京と成田空港の中間に位置する地の利に加えて、地盤が強固で災害にも強いとされ、ここ数年「住みやすい街ランキング」上位の常連にもなっている。そのいっぽう、開発地域以外には昔ながらの豊かな里山が残され、とくに結縁寺というお寺の周囲は『日本の里１００選』にも選定されているという。千葉というとどうしても海のイメージが強いが、そんな風景があるのならばぜひとも見てみたい。

そこでなにかもうひとつ見どころはないかと、欲張って地図を広げてみたところ、千葉ニュータウンからずっと南下していったところに、以前から気になっていた鉄道『山万ユーカリが丘線』を発見。環状というかテニスラケット状の路線を持ち、新交通システムに

よるワンマン運転を行っている鉄道だ。今回は結縁寺の里山からユーカリが丘線をつないで歩くことにしよう。

下車した千葉ニュータウン中央駅前はロータリーが整備され、いくつものビルが建ち並び、こんなところに里山が残っているのかという趣だが、駅から少し歩き、その名もニュータウン大橋という橋を渡ったところで「ややや」となった。こんな街並であれば、通常水辺は都市型の親水公園風に整備され、住民の憩いの場になっていておかしくないのに、眼下に望む池の周囲には鬱蒼と植物が密生し、容易に人を接近させそうもない。これはなんだか期待できそうだ。

そのまま車道を歩き、県道から左手に入ったところで「結縁寺」と書かれた指導標を見つける。細く緩やかな坂を下っていくと、風景がいきなり変わった。周囲には田畑が広がり、その合間には農家が点在する。畑の傍らに立てられた案山子がかわいらしい。

やがて辿り着いた結縁寺は、奈良時代に行基によって創建されたとされる古刹。小さいながらもきれいに手入れされており、地元の人に愛されているのがうかがえる。参道には季節柄ヒガンバナが満開だ。向かいには大きなため池があり、小さな島には祠が。祀られているのは水神様だそうだ。近くには平家との戦いに敗れて自害した源頼政の首を祀った

千葉ニュータウン中央駅からしばらく歩くと、周囲の風景が突然里山に変わり、そんななかに結縁寺はあった。小さなお寺だが歴史は古い。山門から延びる道沿いは、季節柄ヒガンバナが満開だった

という塚もあり、ちょっと神秘的な雰囲気も漂わせている。

　さて。このあたりから道は細く、絡み合うように複雑に入り組む。昔ながらの道型がそのまま今に続いているのだろう。こういう道を歩くときは、地図と首っ引きになって、厳密に正しい道を探ろうとするとあまり楽しくない。山歩きじゃないので、多少道に迷ったところでどうってことはないし、たとえ迷いそうでも気になる道を選んだほうが気分も盛り上がるというもの。

　ただし、そうはいってもあさっての方向に行ってしまっては修正が大変なので、とりあえずリュックからコンパスを取り

結縁寺から続く里山を彷徨っていて、偶然辿り着いた小さな神社の参道。なんともいえぬ雰囲気を持つ。鳥居には「火皇子神社」の文字があり、隣では遺跡を発掘調査しているようだった

出して、おおざっぱな進路を南にとる。

毛細血管のような小径は、田んぼや斜面林、用水路などに沿ったり、またいだりしながら続く。道端に無造作に並んだお地蔵様や庚申塔が、なんだか時代劇のセットのようだ。道に緩やかなアップダウンがあるのは、谷戸地形（この土地のことばでは「谷津」）によるものだろう。谷戸というのは、丘陵の一部が侵食されて谷状になった地形のことだ。

やがて道は印旛沼から流れる新川を渡り、印西市からスタートしたこの徒歩旅行もいつのまにか八千代市を抜け、佐倉市に入っていた。ゴールのユーカリが丘線も近い。最後の最後に、通りかかった

親子連れに駅への道を確認して進路修正、無事中学校駅に到着。

このユーカリが丘線がおもしろいのは、まず経営母体が鉄道会社ではなく、「山万」というデベロッパーであること。つまり、この地域を開発するにあたって、通勤路線がなければ自分たちで作ってしまえということだったのだろう。

そんなことからか、駅名もきわめてシンプル。中学校駅をはじめ公園駅、女子大駅、地区センター駅など、普通だったら他路線駅名との区別化を図るために地名や固有名詞を入れそうなものだが、まったくお構いなしなのだった。

やがてやって来た電車は三両編成の小

田んぼを抜ける細道には、「農耕車優先」の看板が立てられていた。こういう道では速度の遅いトラクターが前を走っていても、イライラしてクラクションを鳴らしたりしてはいけません

さなもの。正面にはユーカリが丘という地名に因んだのだろう、「こあら1号」と書かれている。乗り込むとゴムタイヤをゴロゴロいわせながら、京成本線との接続駅であるユーカリが丘駅に向かって走り出した。

千葉ニュータウンから、里山、田園風景のなかを歩いてきて、ようやく山万ユーカリが丘線の中学校駅に到着。駅名通り、駅の周囲には帰宅途中の中学生がたくさん歩いていた

**DATA**

⦿**モデルプラン**：北総鉄道千葉ニュータウン中央駅→結縁寺→新川→山万ユーカリが丘線中学校駅
⦿**歩行距離**：約11km
⦿**歩行時間**：約4時間
⦿**アクセス**：起点の千葉ニュータウン中央駅へは、京成本線日暮里駅から京成高砂駅へ、そこから北総鉄道北総線に乗り継ぎ約50分。終点の中学校駅からはユーカリが丘線でユーカリが丘駅へ。そこから京成電鉄で日暮里駅へ約50分
⦿**立ち寄りスポット情報**：結縁寺＝印西市結縁寺516

# 浦賀の渡しと観音崎

うらがのわたしと
かんのんざき

## 海辺を辿って岬を越え、
## 江戸時代から続く渡し船に乗る

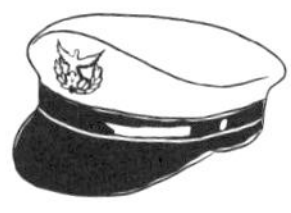

神奈川県

晴天のある日。京浜急行の馬堀海岸駅から延びる道を北上すると、やがて眼前に真っ青な海が広がる。これが東京湾とはにわかには思えない。青い空と海を背景に、歩いている防衛大学生の白い制服がきれいなコントラストを見せている。ここから東側の観音崎をぐるりとまわって浦賀へ至るルートは、歩行者向けの道がしっかり整備されており、海を眺めながらの徒歩旅行を楽しめる。

馬堀海岸には歩行者専用道が車道と並走しているので、これを伝って観音崎方面へ。散歩する人、ランナー、そして釣れているのかいないのか、釣り糸を垂らす太公望の姿もちらほら。海に向かって左手には猿島が見える。

正面方向にもうひとつ島が見えるので、海辺でのんびりしていた地元民らしきおじさん

馬堀海岸から海沿いの歩行者専用道を歩いて観音崎を目指す。海の彼方に見えるのは房総半島。東京湾の海も、季節と天候次第ではびっくりするほど青く見えることがある

に尋ねてみると、「ありゃあ第二海堡だな」との答え。海堡とは明治時代に首都防衛のために築かれた人工島だ。第一から第三まで三つの海堡が築かれたが、そのうち第三海堡は崩壊が激しく21世紀に入ってから撤去。第二海堡と並んで千葉県に近いところには第一海堡が現存する。東京湾に出入りする船舶の邪魔になるとの指摘もあるいっぽう、第二海堡に関しては2019（令和元）年から上陸ツアーの催行が解禁になった。ここもぜひ訪ねてみたい場所のひとつだ。

やがて走水水源施設をすぎると、その近くに「ヴェルニーの水」と呼ばれる湧水地が現れる。これは1876（明治9）

海辺のボードウォークに波しぶきが降りかかる。ここは本当にタイミングを見計らって通り抜けないと、全身ずぶ濡れになりかねない。実際、僕の前を歩いていたおじさんはやらかしました

年にフランス人技師のヴェルニーが、横須賀造船所へ上水を送るために開発したもので、水温は年間を通してほぼ17℃と一定。現在は誰にでも利用できる施設になっており、この日もたくさんの人がポリタンクを抱えて水を汲みにやってきていた。せっかくなので、僕も持ってきた水筒にこの水をつめ直す。

走水の漁港まで来たらその先を左へ。ここからしばらくは海辺沿いの気持ちのよいボードウォークが続いている。約800m続くこのボードウォーク、波しぶきが当たるような場所なのによく劣化しないなと思ったが、解説によると水に強いブラジル原産のイペという材木が使

われているそうだ。

ボードウォークが終わると車道と合流するが、そこから観音崎公園まではもうすぐだ。周辺の芝生は家族連れで賑わっているが、まずは観音崎に建つ灯台へ上がってみよう。この灯台もまた明治初期にヴェルニーによって起工されたものだそうで、当時のヴェルニーさん、大活躍である。

ここは上に登ることができる。海水面からは56mもあるのでそれなりの迫力だ。海を眺めれば、房総半島の巨大さがひときわ際立つ。三浦半島は周囲をぐるりと囲まれちゃっているようだ。

再び海辺に降り立ち、観音崎を回り込

現在の観音埼灯台（写真左）と、崖の下で砕け散ってしまった先代の灯台（写真右）。先代は関東大震災で倒壊したとのこと。たしかに見くらべてみれば、デザインに共通点が見受けられる

むように歩いていくと、途中で波打ち際に転がるコンクリート製の巨大な構造物を発見。これはなんと先代の灯台のなれの果てらしい。現在の灯台は三代目なのだが、二代目は関東大震災で破損してしまったのだという。たしかに、よく見ると灯台のような意匠が確認できる。

その先で、江戸時代のものといわれる素掘りのトンネルを抜ければ観音崎ともお別れだ。ちなみにこのトンネル、両サイドには地層の重なりがくっきりと見えるので注目だ。トンネルを出たところには自然博物館やレストラン、規模は小さいものの白い砂浜が美しいたたら浜なども点在するので、休憩スポットにも最適だろう。

観音崎大橋を渡り、鴨居港から観音崎通りに入るとそこからは車道沿いの歩き。緩やかな坂を上り、緩やかな坂を下っていくという海辺にありがちな地形を越えれば、この道はやがて浦賀の駅に至るのだが、その前に最後のお楽しみ。浦賀の深い入り江を渡る渡し船「浦賀の渡し」に乗らないわけにはいかない。

この渡しは江戸時代から続くもので、現在も東浦賀と西浦賀をつないでいる。渡し船に乗っても乗らなくても、駅まで大した距離差はないというのなら、ここはやっぱり「乗る」ほうを選ぶのが旅情というもの。ちなみに船着き場は先ほど歩いてきた車道から細い道を

東浦賀と西浦賀を結ぶ『浦賀の渡し』。中華風というか、竜宮城風のデザインがキュート。下船した後、あらためて洋上を渡る姿も見たいものだとしばらくねばったが、以降乗客は現れず

入り込んだ奥の海辺にある。車道沿いからは視認できないので、行きすぎないように注意。

乗客は僕と男性がもうひとり。しずしずと渡っていく海面には、夕日がキラキラと照り返し、なかなか風情のある数分の船旅だった。

**DATA**

**⦿モデルプラン**：京浜急行馬堀海岸駅→ヴェルニーの水→ボードウォーク→観音埼灯台→たたら浜→浦賀の渡し→京浜急行浦賀駅
**⦿歩行距離**：約9.5km
**⦿歩行時間**：約3時間半
**⦿アクセス**：起点の馬堀海岸駅へは京浜急行品川駅から約50分。終点の京浜急行浦賀駅からは品川駅へ約55分
**⦿立ち寄りスポット情報**：観音埼灯台＝横須賀市鴨居4-1187。℡046-841-0311。9:00〜16:30(10〜4月は〜16:00)。浦賀の渡し＝℡046-822-8346(横須賀市土木総務課)。7:00〜18:00(12:00〜13:00のぞく)。年末年始、荒天時など欠航。一般200円

# 大室山登山リフトと一碧湖

おおむろやまとざんりふとといっぺきこ

## リフトでしか登れぬ難峰を征服し、伊豆の瞳を目指す

静岡県

伊豆急行富戸駅の改札を出ると、空気の質感が異なっていた。11月も間近な時期、東京には少しずつ寒さが忍び寄ってきているが、伊豆半島、そして海に近いということもあるのだろう。まだまだ冬は遠いようだ。半日徒歩旅行の距離圏としてはギリギリかとも思ったが、この季節感を感じられただけでも来た意味はあった。

今日の旅はここから西へ。絵に描いたような火山形状を見せる大室山、隣接する『伊豆シャボテン動物公園』、そしてそこからさらに伊豆の瞳とも呼ばれる一碧湖を目指す。

富戸駅の小さな改札を抜け、踏切を渡って伊豆急線の西側へ出る。方角的には、ここからほぼ真西に向かって歩いていけば大室山に出るはずだ。細い道を辿って少しずつ標高を稼いでいく。周囲の畑に実ったミカンが、伊豆の温暖さをなおさら象徴しているようだ。

緑色の巨大なプリンにも見える大室山。別荘地の入り組んだ道を歩くなか、なかなかこの姿を見つけられずに難儀した（写真上）。山麓まで辿り着きさえすれば、そこからはリフトでゴー！（写真左）

やがて国道135号線に出る。東伊豆の幹線だけあってクルマの往来が多い。ただそのぶん、国道沿いには回転寿司屋をはじめ飲食店が軒を連ねているので、昼前から歩きはじめた向きはこのあたりでランチもいいだろう。

135号線から先は、なるべく細い道を辿って徒歩旅行気分を醸し出そうと思ったのが失敗のもと。東伊豆は別荘地が多く、細かな道がクモの巣のように張り巡らされていてわかりにくいことこのうえない。別荘地をうろうろし、ときには地元のご婦人に道を尋ね、ようやく大室山が見えたときにはホッとする。

山腹を少し回りこむようにリフト乗り

場へ。リフト？ここまで歩いてきたのにリフト？と思われるかもしれないが、実はこの大室山、リフト以外の方法で登ることが許されていない山なのだ。しかたがないのだ。といいつつも実はこれが楽しみだった。

大室山の標高は５８０ｍ。独立峰でその姿は秀麗だ。年に一度、山焼きをしているので樹木が生い茂らず、山容をそのまま見渡せる。地学的にはスコリア丘と呼ばれる円錐台状の山容は、国の天然記念物にも指定されていることもあって徒歩登山が禁止らしい。強風時はリフトも運休になるそうで、そうなると誰も登れなくなってしまうわけか。

そんな難峰？もリフトに乗ればわずか6分で山頂の縁へ。20分ほどで山頂をぐるりと回るお鉢巡りも整備されている。ここを歩きながら海を臨めば目の前には伊豆大島がどすんと鎮座。空気が澄んでいる日にはほかにも伊豆諸島が数多く遠望できるとのこと。

いっぽうの火口側はとのぞいてみると、なにやら競技をしている人の姿が。聞けばこちらはアーチェリー場だそうで、たしかにお鉢の底

なら風の影響を受けにくいだろう。

大室山からは向かいの伊豆シャボテン動物公園へ。この施設、僕が子どものころは『伊豆シャボテン公園』と名乗っていたような気がしたけれど、調べたら2016（平成28）年に改称していた。まあ、時代の要請に応じていろいろ変化は必要なのだろう。それでもサボテンではなく「シャボテン」という古名を残しているのは心意気だろうか。

ここではその名の通り、世界各地のサボテンをはじめカピバラやカワウソ、ハシビロコウなど昨今人気の動物が飼育され、家族連れで賑わっている。クジャクやリスザルなどは園内に放し飼いにされていて、一瞬脱走か？と勘違いしてしまった。

ここで僕のようなオールドファンが見逃せないのは「荒原竜の像」だ。これは初代ウルトラマンの『恐怖のルート87』という話に登場した、高原竜ヒドラのモチーフになった像で、この公園もロケ地として使われている。作中、公募でこの像のデザインを描いた少年がトラックにひき逃げをされて死んでしまう。その怒り、悲しみによるものか、

大室山の山頂に到着すれば、そこからは縁をぐるりと回ってお鉢巡りを楽しめる。天気がよければ伊豆諸島から三浦半島、房総半島までを一望できる

大室山より高原竜ヒドラが現れてトラックを襲い始めるというものだった。世に「交通戦争」という言葉が生まれた時代だ。あのとき、たしかウルトラマンはヒドラを倒さなかった。

そんな童心に還った勢いで一碧湖へ。一碧湖は周囲を森に囲まれたこぢんまりとした湖だ。湖畔の遊歩道は1時間ほどで一周できる。

実はこの湖の名前も子ども心に焼きついたもの。今では日本中で厄介者扱いの外来魚のブルーギルが、日本で初めて移入されたのがこの湖だったのだ。ここのブルーギルと芦ノ湖のブラックバス。当時の釣り少年にとっては希少魚として憧

伊豆シャボテン動物公園にある荒原竜の像。よーく見ると頭や翼にはハトがビッシリ留まっている。寄らば大樹の陰、のつもりなのかもしれないが、密集恐怖症の人にはなかなかツライ光景だ

どこか神秘的な雰囲気を漂わせる一碧湖。その成因には諸説あるが、10万年以上前に起きたマグマの水蒸気爆発によってできたというのが現在の主流らしい

れの存在だった。今、湖畔をのぞき込めば目立つのは大きなニシキゴイばかりだが、当時のブルーギルの子孫たちも、きっとこの湖のどこかで暮らしているのだろう。

**DATA**

**⊙モデルプラン**：伊豆急行富戸駅→大室山→伊豆シャボテン動物公園→一碧湖→伊東駅
**⊙歩行距離**：約10km
**⊙歩行時間**：約3時間半
**⊙アクセス**：起点の富戸駅へは東京駅からJR快速アクティーで熱海駅へ、さらにJR伊東線、伊豆急線で富戸駅へ約2時間50分。一碧湖からはバスで終点の伊東駅まで約30分。そこからは伊東線を熱海で乗り継ぎ、快速アクティーで東京駅まで約2時間20分
**⊙立ち寄りスポット情報**：大室山リフト＝℡0557-51-0258。9:00〜17:15（10月〜3月5日は〜16:15、3月6〜15日は〜16:45）。一般往復700円。伊豆シャボテン動物公園＝伊東市富戸1317-13。℡0557-51-1111。9:00〜17:00（11〜2月は〜16:00）。無休。一般2400円。一碧湖＝伊東市吉田815-360

# 八高線と児玉と塙保己一

はちこうせんとこだまと　はなわほきいち

埼玉県

## ヘレン・ケラーも憧れた、あの傑物の足跡を辿って

塙保己一

塙保己一。江戸時代の国学者で『群書類従』の編纂者でもある。彼の出生地は埼玉県の児玉町（現在は本庄市と合併）で、そこには記念館もある。彼の名を知ったのは、高校の日本史の授業だったが、そのときは暗記するぐらいで、さほど気にもならなかった。

しかし後に少しずつ彼を知るにつれて、その仕事ぶりに驚嘆。それに加えてもうひとつの気になりスポットを児玉に発見。なればもう行かぬわけにはいかないではないか。

児玉は埼玉県の北端、群馬県高崎にほど近い。とすると新幹線で高崎へ、そこから戻るというのがセオリーかとも思うが、ここでしばし考える。児玉駅があるのはJR八高線。八王子と高崎を結ぶ関東地方有数の大ローカル線だ。なかなか利用する機会はないが、こんなときこそ乗ってみよう。効率ばかりを追及すると、旅はえてして味気なくなる。

ＪＲ中央線八王子駅から八高線に乗ってのんびりと北上。車窓には住宅、畑、林が広がり、関東平野の原風景を見ているようだ。途中、高麗川駅で乗り換えると、そこから先は非電化区間なのでディーゼルカー。一見、ポツンと孤立したローカル線に思えた八高線も、実際に乗ってみると途中で東武越生線や東上線、西武線、秩父鉄道などさまざまな路線と交じり合っており、これはこれで地元住民の貴重な動脈なのだと実感する。

そんなことを考えているうちに児玉駅へ到着。まずは当初の目的である塙保己一記念館へ。駅から数分で辿りついたそこは、モダンな印象をもつ真新しい建物だった。聞けば２０１５（平成27）年にリニューアルしたのだとか。入場無料の館内には、塙保己一由来の書状や愛用した日用品が展示、もちろん『群書類従』そのものも展示されている。

そもそも『群書類従』とはなにか。これは彼が生きていた時代に各地に散逸していた文学や歴史に関する書籍を収集、それを版木に移植して木板・和綴じの本として出版したもので、いわば全集的な存在だ。その総数はなんと１２７３点。なかには『枕草子』や『竹とりの翁物語』など、僕たちに馴染み深いものも。かといって彼がそんなビッグヒットだけを狙ったのかといえば、そうではない。彼の時代においてすら原本が希少になっているものを優先させたのだという。その後原本は紛失してしまい、今日『群書類従』において

児玉にある『塙保己一記念館』。この地に生まれた塙保己一は視力を失いつつも、散逸しつつある各種文献を収集、編纂した。ここには『群書類従』も所蔵されている

のみ閲覧できるものも少なからずあるそうだ。彼の職業は、現代でいえば編集者であり、出版社、印刷所、製本所でもあったのだろう。

さらに彼の偉大なところは、7歳のときに病で視力を失ってなおこの編纂を成したこと。「奇跡の人」ことヘレン・ケラーにとって、塙保己一は憧れの存在だったという逸話もさもありなんである。ちなみに彼は、編纂作業にあたって使用する版木のフォーマットを統一。その文字組みこそが20字×20行。つまり、僕たちにもなじみ深い原稿用紙の原型は、彼によって作られたのであった。

児玉で訪ねたかったもうひとつの場所

児玉には『高窓の家』と呼ばれる、突き出し屋根がついた伝統的家屋が散見される。これは屋根裏の温度、湿度を調整するために有効な構造で、養蚕が盛んだったころの名残だ

は、成身院というお寺にある百体観音堂だ。これは内部の回廊をぐるぐると巡るようにお参りできる御堂で、途中で引き返すことなく入口に戻れる構造をしており、別名「さざえ堂」とも呼ばれる。

誰が唱えたのかは知らないが、実は「日本三大さざえ堂」というものがあり、ここもそのひとつに数えられている。残るふたつ、会津若松市の円通三匝《さんそう》堂、群馬県太田市の曹源寺本堂はすでに訪れているので、これによってコンプリートとなるのだ。

堂内にはひんやりとした空気が漂う。壁沿いにはずらりと観音様が並んでいる。順路にしたがって時計回りに歩くと、一周したところで2階へ上がる急角度の階段が。2階もぐるりと回遊するとさらに3階への階段が現れた。外からは2階建てに見えたが、内部は3階になっているのだった。3階を回り終えると、登ってきたのとは別階段があり、それを下ると入口に戻る仕組みになっている。冷静に考えればその構造は理解できるのだろうが、堂内が薄暗いことや、迷路的な順路とも相まって、不思議な気分で外へ出る。

さて、ここまで来たら南の榎峠を越えて秩父方面へ抜けようか。昔から児玉と秩父を結んだであろう、いにしえの峠道だ。今日、峠へは車道でも行けるが、登山道を行けば途中に「岩谷洞」と呼ばれ

『日本三大さざえ堂』のひとつに数えられる、成身院の百体観音堂。正面ではなく向かって右手に入口があり、そこからグルグルと時計回りに渦を巻くように3階へと進んでいく

山中に黒い口を開けている「岩谷洞」。江戸時代には修行場だったそうだ。岩を削ってつくったと思しき階段が荒々しい。ここに至るまでの登山道にも、無数の石仏が奉納されている

る、江戸時代に開かれた念仏道場の洞穴があるそうだ。そこまでの参道は、登山道でありながら周囲には数多くの石仏が並び壮観だと聞く。日はまだ高い。昔の旅人気分で峠の向こうの集落を目指すことにしよう。

## DATA

**⦿モデルプラン**：JR八高線児玉駅→塙保己一記念館→成身院百体観音堂→岩谷洞→榎峠→秩父鉄道樋口駅
**⦿歩行距離**：約11km
**⦿歩行時間**：約4時間半
**⦿アクセス**：起点の児玉駅へは新宿から中央線八王子駅へ、そこから八高線に乗り継いで児玉駅まで約2時間45分。終点の樋口駅からは秩父鉄道で寄居へ。そこから東武東上線経由で池袋まで約2時間
**⦿立ち寄りスポット情報**：塙保己一記念館＝本庄市児玉町八幡山368アスピアこだま内。📞0495-72-6032。9:00～16:30。月(祝日の場合翌日)、年末年始休。無料。成身院＝本庄市児玉町小平661-2。📞0495-72-6742(本庄市観光農業センター)。10:00～17:00。木休。一般300円

## 半日徒歩旅行の心得③

# どんなシューズを選ぶか

徒歩旅行に出かけるとき、現在、僕は三足の靴を履き分けている。ひとつはごく普通のスニーカー。ほとんどアスファルトの上しか歩かないようなコースの場合はこれで十分。軽くて歩きやすい。半日だったら背負う荷物もタカが知れているので、足元に負担がかかることもない。

これと対極にあるのがいわゆるトレランシューズ。山を走ることを前提に作られているのでソールもしっかりしていて、登山道などの不整地を歩き続けても足の裏に負担がかかりにくい。ミッドカットに近いローカットのデザインなので、ある程度足首も保護してくれる。いわゆる「足首グギッ！」をやりにくいのだ。最近では、無雪期でさほど荷物が重くない山歩きでも、これを愛用している。

最後の一足は、先代のトレランシューズ。二番目に紹介したシューズの前に山でも履いていたやつだ。長いこと履き続けて次第に防水性能が弱くなり、ソールのパターンもすり減ってきて、さすがに山で履くのはちょっと不安があるものの、平地の徒歩旅行ならまだまだいけるといったところだ。実は現在これが一番足に馴染んでいて、履き心地もよかったりする。本書の取材終了とともに御役御免かなとも考えていたが、どうやらまだいけそうだ。もうしばらく履いて、どこかの路上で最期を看取ってやることにしよう。

# 第4章
# 唯一の「村」を徒歩旅行

次第にその数を減らしつつある「村」。
なかには完全に消滅してしまった県もある。
各都県に残った唯一の村を歩いてみよう。

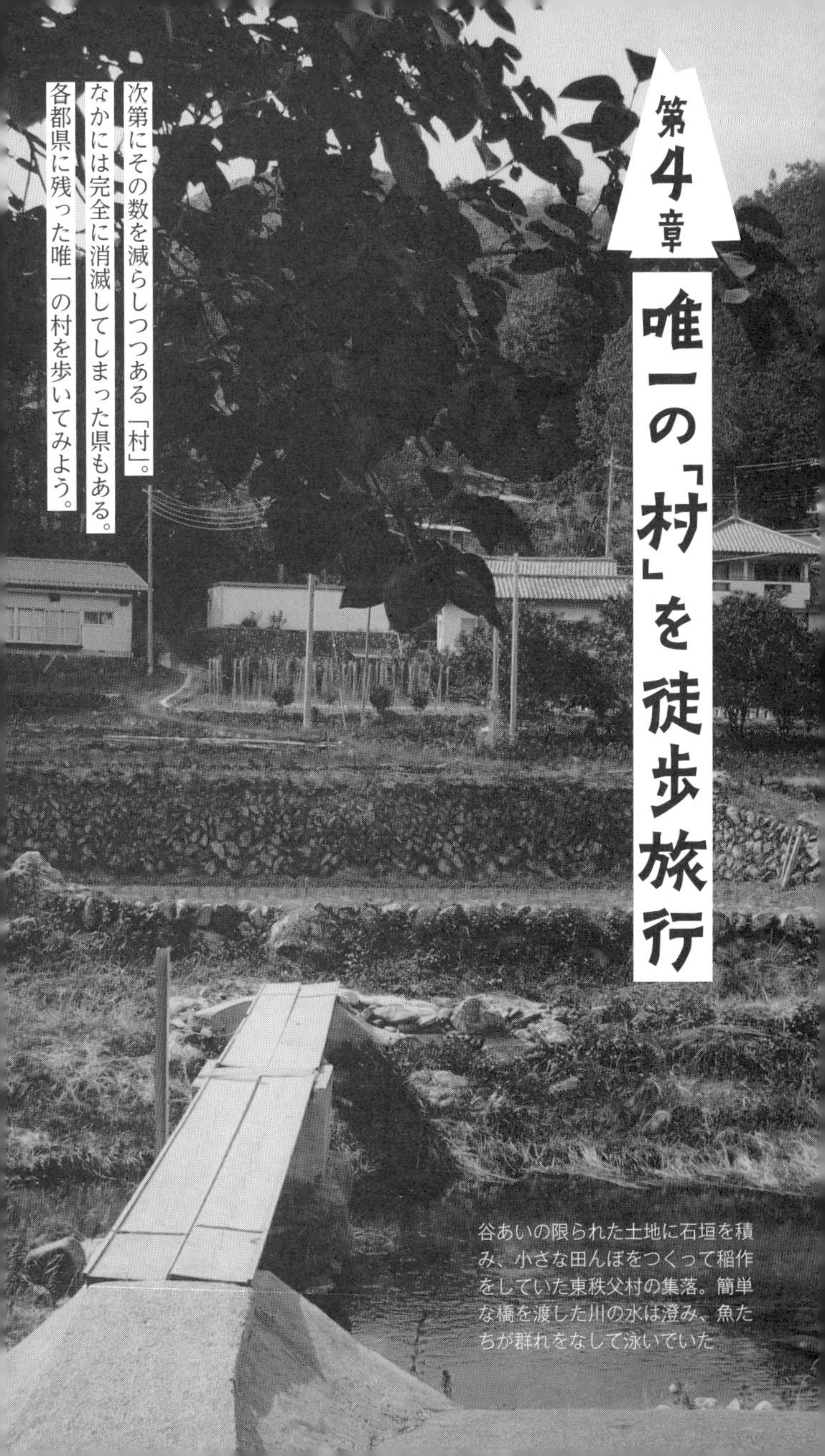

谷あいの限られた土地に石垣を積み、小さな田んぼをつくって稲作をしていた東秩父村の集落。簡単な橋を渡した川の水は澄み、魚たちが群れをなして泳いでいた

ちばけんのちょうせいむら

千葉県

# 千葉県の長生村

## 田園風景を眺めつつ、小さな駅から海を目指して村を横断

今は昔。平成の時代に市町村合併の嵐が吹き荒れた。それまで全国各地に存在した歴史ある村々は、ときには周辺の大きな市に吸収され、ときには周囲の町村とひとつになって、聞きなれない名前の市へと変わってしまった。

しかしそんな激動の時代を経てもなお、昔の名のままで存続する村が、東京近郊にもわずかながら残っている。そんな村々を徒歩旅行で訪ねてみよう。

まず訪れたのは千葉県唯一の村である長生村。あまり聞き慣れない名前だが、長生村を含む周囲の5町1村の郡名は長生郡。郡内では人口も一番多いそうだ。それにしても、長生とはなんともめでたい地名。歴史深い地名なのかと思ってちょっと調べたところ、長生村が発足したのは1953（昭和28）年とさほど古い話ではなかった。

長生村から九十九里浜に沿って南下。いつのまにか一宮町に足を踏み入れていた。彼方に見えるのが太東岬だろうか。サーファーがひとり、白波のなかから上がってきた

しかもそのときは高根村、一松村、八積村の三村が合併したそうで、「長」の字も「生」の字も旧村名にはない。一瞬、これは「縁起担ぎ」の地名かとギワクが湧いたのだが、そうではなかった。長生村の名前は長生郡からとられ、その長生郡はといえば、明治時代に「長柄郡」と「上埴生郡」の統合によるものとのことで、ホッとする。平成の大合併のときに生まれた、キラキラネームみたいな由来だったらいきなり出鼻をくじかれるところだった。

千葉市から房総半島を外房線で南下すること小一時間。八積駅という小さな駅が長生村の玄関口だ。外房といえばやはり九十九里浜。海を目指して歩いていこうと思ったところで、駅のホームに名所案内板を発見。そこに書かれていた「虫供養碑」というのが気になり、駅から100mということもあって寄ってみる。

それは高さ2mほどの立派な石碑だった。道路側から眺めると何も書かれていないように見えたのだが、じつはこれは裏側で、民家の庭を向いた側が表であった。庭先にちょっと失礼させていただいて表側を拝んでみたものの、彫られた文字は達筆すぎて僕には解読できず。あきらめて脇にあった解説を読む。かいつまむと、この一帯は江戸時代からスズムシをはじめとする鳴く虫の繁殖に成功し、江戸の虫問屋に卸していたのだそうだ。時代

長生村の田んぼでは稲がスクスクと育っていた。海沿いの村ながら、この村の主要産業は農業なのだそうだ。村名をもじってつけた「長生（ながいき）メロン」といったブランドもある

は移り、虫の販売が下火になりかけたときに、東京の問屋と一緒に虫の霊を鎮めるために建てたのがこの石碑だという。家畜や魚はもちろん、虫の霊にまでこうして敬意を表する姿勢、日本人だなあ。

そこから当初の予定通り、海へ向けて進路を東へ。周囲には多くの水田が広がっている。5月下旬だというのに、イネはすでにけっこう生長していて、やはり房総半島は温暖だ。ときどき、田んぼのなかをアイガモが泳いでいるので、アイガモ農法を実践している農家もあるようだ。歴史がありそうなお宅は、海からの潮風対策だろうか、周囲を高い屋敷林で囲ってある。屋敷林の向こうからはウシ

やニワトリの鳴き声が聞こえてきて、なんとものどか。これぞ里山、いや山ではないので里海か。

　やがて前方からゴーゴーという海鳴りが響くようになり、海が近いことがわかる。ところがここの地形はちょっと変わっており、浜と並走するように幸治川という川が流れていて、この川を渡らないと海に出られないのだった。そして前方には川を渡るのにうってつけの趣ある木造の橋が……、と思ったらなんとそこには通行禁止の封鎖線。見れば塩分を含んだ川の水のせいか、橋脚はかなり傷んでおり、なかには完全に宙ぶらりん状態の部分も。たしかにいつ崩落するやもしれ

3羽のアイガモが、農道のど真ん中を堂々と散歩していた。長生村ではアイガモを田んぼに放して、雑草（エサ）取りと肥料（糞）散布の一石二鳥をこなすアイガモ農法が盛んだそうだ

ずだ。

　実はこの中瀬大橋には物語がある。それは、明治期にこの地で製材業を営んでいた石井亀吉さんという人のお話。当時ここには橋がなく、すぐそこの海へ行くのにも渡し船が必要でとても不便をしていたのだとか。そこで亀吉さんは一念発起。重機などない時代に、長さ１００ｍにわたる橋をかけたのだった。これにより近在の住民たちは自由に海と往来できるようになり大いに感謝されたそうだ。今は渡れないけれど。

　しかたがないので、川を渡れる橋を求めて川沿いを南下。やがて「船頭給」という、いかにもな地名の場所に着くと、

九十九里浜と並行するように流れる、幸治川にかけられた木造の中瀬大橋。今からでも修復すればそこそこの観光資源にはなりそうだけれど、やはり木造だと維持管理が大変かなあ

途中で立ち寄った本興寺というお寺には、1703年に発生した、元禄津波の供養碑が祀られていた。総犠牲者１万人、この地域だけでも700人の人が亡くなったという

そこからは隣接する一宮町である。一宮町といえば２０２０（令和２）年、東京五輪・パラリンピックのサーフィン会場。よし、その浜を経由して上総一ノ宮駅を目指そう。

さすがにサーフィン会場になるだけあって、特別に風が強いわけでもないのに、激しい波が押し寄せている。ちょっと海水浴という状況ではない。それでも何人かのサーファーが果敢に海に漕ぎ出していた。

しかし、昔来た九十九里浜は、もっと砂浜のボリュームがあったような気がする。どうやらここでも砂浜の侵食は進んでいるようだ。

一宮町の海は、2020（令和２）年の東京五輪・パラリンピックのサーフィン競技の会場になっている。この日の波がサーフィン向きなのかはわからないが、次から次へと浜へ白波が寄せていた

一宮町には訪ねてみたい場所があった。それは旧日本陸軍が放った風船爆弾の放球地跡だ。風船爆弾というのは直径10mにも及ぶ、風船というよりは気球に近いものに爆弾を吊してアメリカ本土爆撃を目指したもので、動力はなし。当時、世界で最も進んでいたという日本の高層気象研究が、高度1万mの猛烈な偏西風、現在でいうところジェット気流を発見、これに乗せてアメリカを目指すというものだった。そして、日本に3ヶ所あった放球地のひとつがここだったのだ。そのことを示す石碑が立つ場所より、もっと海側が本来の場所だそうだが、今はなんの痕跡もないとのこと。

太平洋戦争後半、ここからアメリカ本土空襲を目指して風船爆弾が放たれた。そのうちのいくつかは実際にアメリカ本土に到達し、被害も及ぼしたという。風船の素材は和紙とコンニャク糊だった

当時の様子を想像してみる。ここから何百、何千という巨大風船がフワフワと空の彼方に消えていく光景は一見美しくも思えるが、吊り下げているのはまぎれもない兵器。風船爆弾が飛んでいった足元では、現在、若者たちが楽しそうにサーフィンに興じていた。

**DATA**

**⦿モデルプラン**：JR外房線八積駅→虫供養碑→中瀬大橋→風船爆弾打ち上げ基地跡→JR外房線上総一ノ宮駅

**⦿歩行距離**：約10.5km

**⦿歩行時間**：約3時間半

**⦿アクセス**：起点の八積駅へは、東京駅からJR京葉線、外房線などで約1時間半。終点の上総一ノ宮駅からも京葉線、外房線などで東京駅まで約1時間半

**⦿立ち寄りスポット情報**：虫供養碑＝長生村岩沼。中瀬大橋＝長生郡長生村一松丙。風船爆弾打ち上げ基地跡＝長生郡一宮町一宮6-35

# 神奈川県の清川村

## ダムを越えて、ダムとともに生きる村を歩く

神奈川県

かながわけんのきよかわむら

清川村は神奈川県の北西部に位置する、面積72平方㎞ほどにして神奈川県に残る唯一の村だ。周囲を丹沢の山々に囲まれた自然豊かな村でもある。清川村の村内は大きく煤ヶ谷地区と宮ヶ瀬地区に分けられるが、実はこのふたつは１９５６（昭和31）年までは煤ヶ谷村と宮ヶ瀬村という別々の村。つまり現在の清川村はふたつの村に合併によって誕生したのである。

しかし、１９６９（昭和44）年に宮ヶ瀬ダムの建設計画が発表。２０００（平成12）年の竣工によって旧宮ヶ瀬村集落のほとんどは湖底に沈むこととなった。ふたつの村によってできた村なのに、そのひとつが消えてしまう。当時の村人には並大抵ではない苦悩があったと思われる。

1969年の発表から、30年以上の年月をかけて2000年に竣工した宮ヶ瀬ダム。総貯水量1億9300万立方メートルを誇る。このダムの完成によって、清川村の宮ヶ瀬地区はダムの底に沈むこととなった

いっぽう、ダムの運用によってダム所在交付金が入ることとなり、清川村にはそのおかげで村の財政は健全。平成の市町村合併に呑まれることもなく、今日も独立した村として存続しているのだから運命は皮肉である。

さて、そんな清川村を訪れる出発地は橋本駅。ここからバスで津久井湖にもほど近い集落・三ヶ木《みかげ》へ。さらに半原行きのバスに乗り継ぎ、宮ヶ瀬ダム近くの石小屋入口バス停で下車。路線バスを乗り継ぐのって、すごく遠くへ来たようで旅気分が盛り上がるな。

バス停から深い沢沿いに続く道をしばらく歩くと、眼前にいきなり巨大な宮ヶ

インクラインを利用して、宮ヶ瀬ダムの最上部まで一気に上がる。ダムの下は愛川町だったが、上がってしまえばそこはもう清川村の北端にあたる

瀬ダムが立ちはだかっている。いや、ダム自体はこの国では珍しくもなんともないが、さすがに直下から見上げる姿は迫力がある。そして迫力はあるのだが、旅を続けるにはこのダムを越えねばならない。

直下からダムの上に出るには方法はふたつ。ひとつは通常のエレベーターの利用。そしてもうひとつはインクラインに乗ることである。インクラインとはなにか。それは、構造自体はケーブルカーと同一なのだが、ケーブルカーが旅客用なのに対し、インクラインは産業用に使われるものを指す。つまりここでは建設中に資材運搬用に使われていたインクラインを、完成後にも旅客用に転用しているわけだ。もちろん、そのままというわけではなく、大規模に改修したのだろう。なにせ建設中のインクラインは、砂利を満載したダンプトラックをそのまま載せて稼動できたそうだから。

インクラインは最大斜度35度といわれる急斜面を登っていく。ケーブルカー同様、途中で下ってくるもう一基とすれ違い、数分の乗車でダムの上、つまり清川村に到着。ここからは宮ヶ瀬湖沿いに走る県道をひたすら南下していこう。

湖沿いの道を歩いていくと、やがて対岸に宮ヶ瀬湖畔園地が望める。ここは水遊びやピクニックが楽しめる公園で、シ

宮ヶ瀬ダムの東岸沿いを南下。やがて湖にかかる「やまびこ大橋」が見えてくる。この橋を渡って対岸に行けば、宮ヶ瀬湖畔園地と呼ばれる公園に至る

ーズン中は家族連れで賑わうらしい。実はここまでなら小田急線の本厚木駅からバス一本でやって来られるのだ。しかしそのルートを使うと、来るときのバスの車窓から自分が歩く道が全部わかってしまうという、なんとも興ざめ旅になってしまうので、あえて橋本駅から来ることを選んだ次第。ちなみにダムサイトから湖畔園地までは遊覧船を使う選択もあるのだが、本数が少なかったり、欠航もあるようなので、乗るためにはそれなりのプランニングが必要だろう。

湖畔園地をやりすごし、そのまま車道を歩いていくと、いくつもの橋を渡る。ダムができる前、この下にはいずれも沢が流れていたのだろう。今は沢ごとダムに沈み、ただの入り江になっているが、「仏果沢《ぼっかざわ》橋」や「七曲橋」などそれぞれの橋につけられた名前は、当時の沢や地形名を継いだものと思われる。

やがて右手に宮ヶ瀬湖の末端が見えてくると、道は土山峠を越える。この峠が昔は煤ヶ谷村と宮ヶ瀬村の境だったのか。しかし、宮ヶ瀬側からは登りらしい登りもなく峠に到着してしまい、正直「ここが峠?」という雰囲気だったが、すぐに気づく。ここはあくまでも車道が開通してからの峠であって、昔ながらの峠はその少し東側、仏果《ぶっか》山へ至る登山道の途中にあるのだった。試しに10分ほど登って行ってみると、そこには旧土山峠がひっそ

樹林にさえぎられ旧土山峠からの展望は効かなかったが、隙間からは日差しを反射して輝く宮ヶ瀬湖の湖面が見えた。ここから先は下り一辺倒の道になる

りと佇んでいた。

実はこの旧土山峠から煤ヶ谷方面へと続く、今では登山地図にも描かれていない道があって、そちらを通ることも考えてみた。少し入ってみたところ、なんとか道筋もわかりそうだったが、さすがに徒歩旅行の範疇から外れそうなので、ここは大人しく車道に戻る。

土山峠から煤ヶ谷へは曲がりくねった下り坂で、こちら側は峠道感満載だ。しばらく下ると谷間は次第に広がり、民家の数も増えてくる。この界隈は昔ながらの興味深い地名が残っているのも特徴で、たとえばバス停名にもなっている柿ノ木《かきん》平《でーら》は、1983（昭和58）年に清川村が

土山峠まではまったく見られなかった平地が、峠を下り煤ヶ谷集落に入るにつれて少しずつ現れた。そんな猫の額のような土地も丹念に耕され、さまざまな畑として利用されていた

発行した『清川村地名抄』という本によると、昔ここに、地面に伏したような大きな柿の木があったことから名づけられたというし、そのすぐ東にある法論堂《おろんど》という場所では、修験者がこの地で法を論じ合っていた名残なのだとか。かくも地名というものには、その土地に根ざした意味が込められているにも関わらず、最近は「○○本町」とか「××ヶ丘」のように、土地とはなんの関係もない地名に変えられてしまいがちなのが、旅人としてもちょっと残念だ。

やがて道沿いに現れる、村役場や消防署が密集しているあたりが村の中心地。そこから少し歩けば村営温泉別所の湯があるので、旅の汗を流したうえで、バスで本厚木駅へ抜けることにしよう。

ちなみに聞いた話によると、タレント・女優の小泉今日子さんは高校時代、厚木の自宅から三ヶ木にある高校まで、路線バスで通学していたのだとか。それってこの日僕が辿ったルートにほぼ近いではないか。彼女にもそんな青春時代があったとは。なんだか彼女が急に身近になったような気持ちで清川村を後にした。

村の中心を通り過ぎ、しばらくして右手に入れば村営温泉別所の湯が現れる。厚木行きのバス停からは片道約10分。食堂もあるので、ここで旅を終わらせるのにちょうどいい

## DATA

**⦿モデルプラン**：橋本駅→三ヶ木バスターミナル→石小屋入口バス停→宮ヶ瀬ダム→土山峠→煤ヶ谷→村営温泉別所の湯→小田急小田原線本厚木駅
**⦿歩行距離**：約12km
**⦿歩行時間**：約4時間
**⦿アクセス**：起点の橋本駅までは新宿駅より京王線で約40分。そこから三ヶ木へはバスで約40分。中央本線相模湖駅からもバスがある。三ヶ木から石小屋入口へはバスで約15分。終点の本厚木駅へは、別所の湯入口バス停からバスで約40分。本厚木駅から小田急小田原線で新宿駅まで約55分
**⦿立ち寄りスポット情報**：宮ヶ瀬ダム・インクライン＝℡046-281-5171（宮ヶ瀬ダム水とエネルギー館）。10:00〜16:45（12月〜3月第3金曜日までは10:30〜15:45。冬期は土日祝日のみ運行）。月、祝日の翌日休（GW、夏休みのぞく）。一般片道300円。別所の湯＝清川村煤ヶ谷1619。℡046-288-3900。10:00〜21:00。月（祝日の場合翌日）、年末年始休。一般700円

# 埼玉県の東秩父村

## 気がつけば埼玉県唯一の村に。山を伝って和紙の里へ

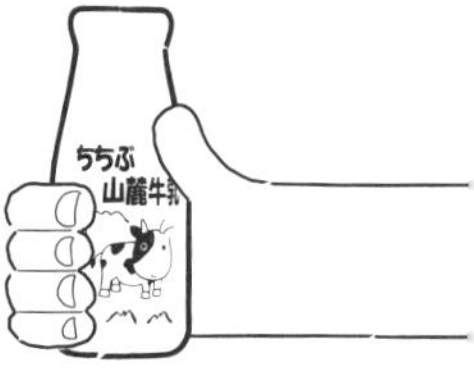


埼玉県《さいたまけんの》 東秩父村《ひがしちちぶむら》

それまで数多く存在していた埼玉県の村も、平成の大合併や人口増加による町への昇格？などですっかりなくなってしまい、今日、唯一存在しているのが東秩父村だ。地理的には県中西部、小川町の西側。平成期には、多分に漏れずこの村にも周辺市町村との合併話が何度も湧き上がったものの、そのたびに条件が折り合わなかったり、住民の反対があったりしてまとまらず、気がつけば埼玉県で唯一の村として生き残ることになったそうだ。

また、村名に「秩父」の名がついているとはいえ、埼玉県西部の雄ともいえる秩父市とは、間に外秩父山地を挟んでいることからそれほど密接な関係があるわけではなく、それよりも小川町や東松山市など、比企地方への文化的、経済的接点が強いとのこと。今回はそんな東秩父村を歩いてみよう。

東秩父村に鉄道は通っていないので、東武東上線小川町から路線バスで村へ向かう。橋場というバス停を下りてまず向かったのは、外秩父山地にある粥新田峠《かいにた》。バス停から峠へはきれいに舗装された道が延びているが、しばらく歩くと旧道、つまり昔の峠越えの道が現れるのでそちらへ入る。入口には古い石碑が建てられていて往時を偲ばせるが、しばらくすると再び車道と合流。ときどき自動車の往来はあるものの、南側の展望が良好で気持ちいい。さらに歩くともう一度旧道への入口が現れ、ここから峠直下までは古道歩きを楽しめる。登山道にしては道幅が広く、昔から人の往来が盛んだったことを想像させる。路傍には石仏や石碑があったりして趣深いが、そんななか「熊出没注意」なんていう看板も現れる。ここが秩父へ向かうための交易の道だったころにも、クマに襲われる旅人はいたのだろうか。

やがて細い車道と合流、そのすぐ先が粥新田峠だった。粥新田とはなんとも奇妙な名前だが、実はこの名前にはいわれがある。古来、全国各地に巨人・ダイダラボッチの伝説が伝わっているが、ここにもまたそんな伝説があり、ダイダラボッチがお粥を煮て食べたのがこの粥新田峠なのだそうだ。周囲にはそれに因んだ地名が散在し、南東にある笠山は被っていた笠を置いた場所、北にある釜伏峠は粥を煮た釜を伏せたことに由来するらしい。

新緑の木漏れ日が美しい粥新田峠。峠からは1時間ちょっとで南にある大霧山を往復できる。今回は少し戻って舗装路を北上。秩父高原牧場を目指す

粥新田峠から来た道を少し戻り、古道との合流点近くから北に延びる舗装路を入る。この道は外秩父の稜線直下を並走するように走る道で、東側の展望がよく関東平野を見渡せる。

そんななかをしばらく歩くと、やがて現れたのが山腹に広がる秩父高原牧場だ。ここではウシやヤギ、ヒツジなどが放牧されていて、手作りのソフトクリームも楽しめる。いつもならこんなところでは「ビール!」といきたいところだが、ここではさすがに新鮮な牛乳をいただく。牛乳瓶というものも、もはや懐かしい存在になってしまった。

牧場を後にしてさらに道を北上すると、

秩父高原牧場ではヒツジやヤギが放牧されていて、近くでじっくりとふれあうことができる。とくにヤギは好奇心が旺盛なのか、自分からこちらに寄ってきたりもする

二本木峠に到着だ。この峠の名前もダイダラボッチさんに絡んでいて、粥を食べた後に一膳の箸を置いた場所なのだそうだ。ちなみに二本木峠周辺は、5月上旬には見事なヤマツツジが咲き誇る。

　ここからは峠道を下って集落へと戻ろう。下り始めるとすぐに旧道との分岐があるのでそちらへ。ここも古来、二本木峠を越える人々に歩かれていたのだろう。今もしっかりとした道で、真新しい注連縄が飾られた祠があったりする。

　後半、道は九十九折りの車道と何度も交差するが、そんな場所もいい意味で執念深く縫うように登山道が整備され、最後は田んぼの畦道と小さな橋を渡って内

おおらかな里山の風景を見せる東秩父村。米や野菜、果実などの栽培から、スギやヒノキなどの林業も行われている。かつては木炭も生産していたそうだ

出のバス停に出る。

ここからバスに乗って徒歩旅行を終わらせてもよいのだが、次のバス時刻までしばらくあったので、さらにバス路線に沿ってひと歩き。オイカワの群れが気持ちよさそうに泳ぐ槻川沿いに歩道を行き、やがて現れた東秩父村役場を経て先を目指せば、道の駅「和紙の里ひがしちちぶ」へ至る。そう、東秩父村および隣接の小川町は和紙の名産地としても知られているのだ。細川紙と呼ばれ1300年の歴史を誇るその和紙は、2014（平成26）年にはユネスコの無形文化遺産にも登録されている。

僕もここで細川紙の一筆箋と懐紙を購

「和紙の里ひがしちちぶ」で購入した、地産の和紙を使った懐紙と一筆箋。懐紙を使うシーンをいろいろ想像してはみるのだが、残念ながら今のところ実戦での出番はなし

入。ひとたび何事か起こった際には、ふところからさっと懐紙を出せる、そんな大人の男になりたいものだなどと思いながら、フードコートで売られていた岩魚の塩焼きをほおばったのだった。

DATA

**⊙モデルプラン**：東武東上線小川町駅→橋場バス停→粥新田峠→秩父高原牧場→二本木峠→内出バス停→道の駅「和紙の里」→小川町駅
**⊙歩行距離**：約11.5km
**⊙歩行時間**：約4時間
**⊙アクセス**：起終点の小川町駅へは、池袋駅から東武東上線で約1時間。そこから橋場バス停へはバスで約25分。「和紙の里ひがしちちぶ」から小川町駅まではバスで約20分
**⊙立ち寄りスポット情報**：秩父高原牧場＝東秩父村大字坂本2951。℡0494-65-0311。8:30〜16:30。月（祝日の場合翌日）、年末年始休。道の駅「和紙の里ひがしちちぶ」＝東秩父村大字御堂441。℡0493-82-1468。9:00〜17:30（施設により異なる）。年末年始、農産物直売所は水休

2020年2月現在、秩父高原牧場周辺の道路は2019年秋の台風により一部通行困難な箇所があります。

東京都《とうきょうと》

# 東京都の檜原村《ひのはらむら》

## 東京都の深奥へ。山林に囲まれた村を辿る

厳密にいえば、檜原村は東京都唯一の村ではない。だって利島村や青ヶ島村、小笠原村など、島々の村があるからね。しかしそれらの島を半日で訪ねるのはさすが無理。気象条件次第では、半日はおろか一週間でも足りなくなる。そんなわけでここでは「島嶼《とうしょ》部をのぞく」というカッコつきで、東京都唯一の村である檜原村を歩いてみよう。

檜原村は東京都の西、山梨県に接した村だ。面積は105平方㎞。これは世田谷区と練馬区を合わせたほど。そこに約2000人の人が住んでいる。村のほとんどが山林に覆われ平地が少なく、昔から林業や炭焼きなどで生活を営んできた。

檜原村には鉄道駅はない。JR五日市線の終点・武蔵五日市駅からバスでの入村だ。まずは村有数の観光スポットである神戸《かのと》岩を目指す。神戸岩入口バス停で下車し、そこから

次第に細くなってくる神戸川沿いの道を歩いていくと、やがて眼前に神戸岩の大岩壁がドカンと現れる。思わず「おおーっ」と声をあげてしまう瞬間だ

神戸川沿いに延びる道を歩きだす。車窓から眺める檜原村の風景は、深い谷間にへばりつくようだったが、ここは明るい印象を受ける。ときには開豁《かいかつ》な風景も現れ、そんなところではその地形を利用して、マス釣り場やキャンプ場が営まれている。

　標高を上げるにつれて次第に道は細くなり、さらには周囲を見事な針葉樹に囲まれるようになると、やがて目の前に神戸岩が姿を見せた。川はすでに赤井沢と名を変え、川幅も数ｍほど。だが、その両側には１００ｍ近い大岩壁が屹立していて大迫力。下流から見上げると、まるで巨大な扉が半ば開きかけているようだ。

神戸岩の名前も、一説によると上流に位置する大嶽神社への入口と見なしたことに由来するらしい。

この神戸岩のもうひとつの魅力は、その狭い扉?の隙間を実際に通過できること。飛び石沿いに沢を越えたり、わずかに足場のある岩を、設置された鎖を補助にして抜ける。距離こそ短いが、ちょっとスリリングな沢歩きだ。少し歩けば林道に飛び出し、林道のトンネルを通って出発地点に戻ることができる。

神戸岩を後にして来た道を戻る途中、畑仕事中のおじさんに先ほどの見事な針葉樹について尋ねてみる。「あそこの立派な木、スギですか? ヒノキですか?」

恥ずかしながら両者の区別ができなかったのだ。そして檜原村だけに檜《ひのき》ではと想像してみたわけである。それに対しおじさんは「あれはスギだなあ」と答え、さらに昔は需要が多かったのでスギをずいぶん植えたけれど、輸入材に押されて最近はさっぱり。そのため、近年では高級材のヒノキを植えるところが増えてきたとのこと。「たしかに値段はいいけど、育つのにスギの3倍時間かかんだ。ハッハッハ」

一本の木を育てる時間の長さに想いを馳せつつ、お礼をいって先へ。

バス停に戻ったら、そこからバスで来た檜原街道を歩いて戻る。やがて現れたのは檜原

神戸岩の足元はスッパリと切れ込んでいるが、足場や鎖を補助にして、上流へと抜けることができる。部分的には人のすれ違いも難しいところがあるので、対向者を確認したい

村郷土資料館。ここは村の豊かな自然、村人たちの暮らしや仕事のありかたを豊富な展示品で紹介してくれている。なかでも僕が釘付けになったのは、明治初期に秋川の川原で発見されたニホンオオカミの骨だ。すっと伸びるその姿から、当初は大蛇の骨と考えられたが、昭和30年代に入って専門家によってニホンオオカミのものと鑑定されたそうだ。

この周囲には大嶽神社や御嶽神社など、オオカミに関わる神社がいくつかあるが、少なくとも江戸末期まではこの地にもオオカミは生息していたようだ。

資料館の後は、その先の蕎麦屋でお昼にしようと思っていたのだが、行ってみるとなんと臨時休業。周辺にはほかに飲食店はない。しかたなく、非常食のおにぎりをかじりつつ歩いていくと、ほどなく現れた酒屋でおばちゃんが声をかけてくれた。これは天啓。ビールを一本買い、軒先に座らせてもらってランチとする。

おばちゃんによると、ここ数年でびっくりするほどサルやイノシシが山から下りてきて、畑を荒らし放題とのこと。「食べられちゃうならいっそと思って、熟していないカボチャを食べてみたんだけど、やっぱり美味しくないねえ」と苦笑い。

僕がさらに歩くと知ると、「なら、最近できた公衆トイレを見てって。なんでも6000万かけた総ヒノキ造りで、休日にはトイレを見物するためにわざわざ観光客が来

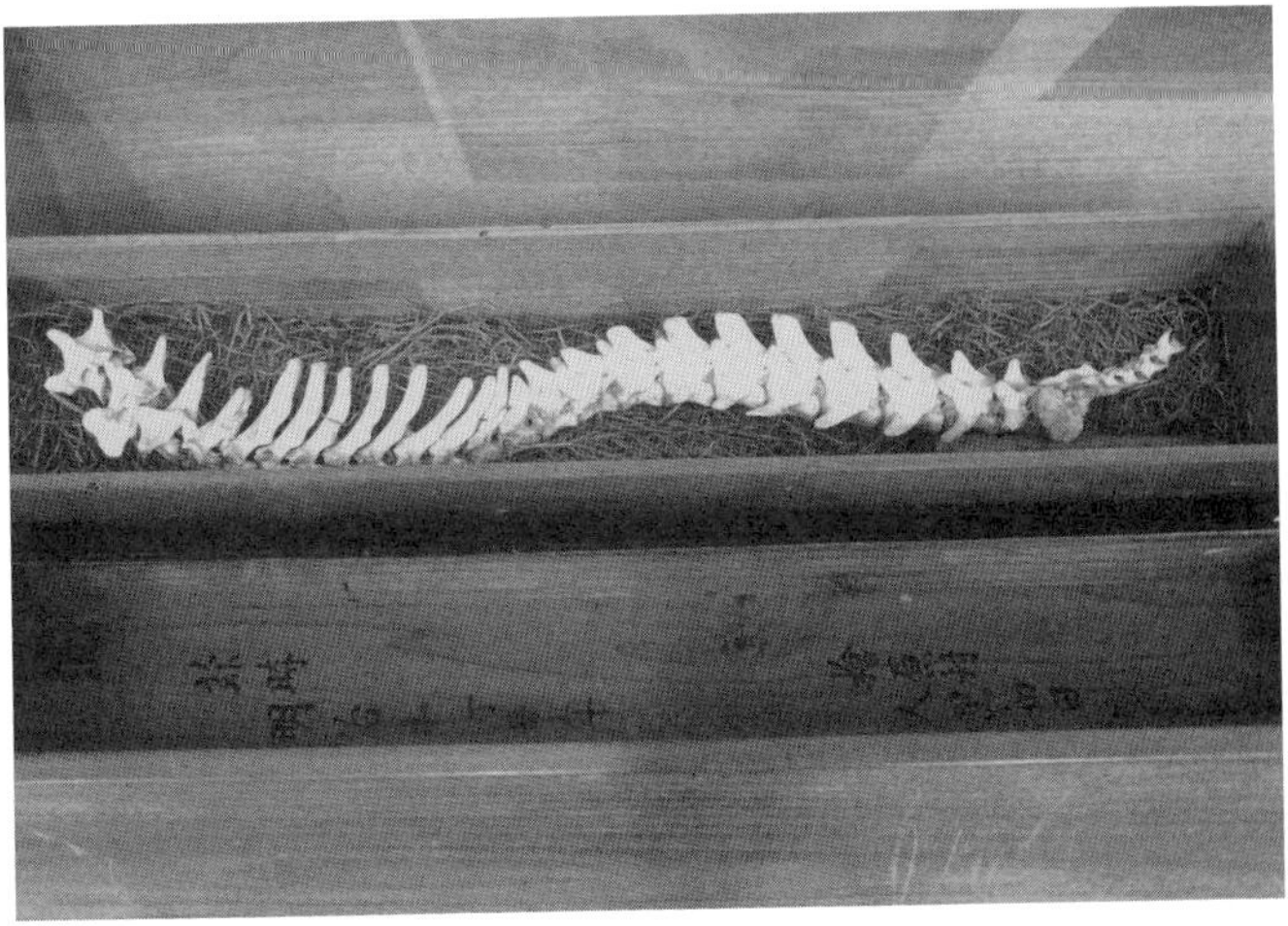

檜原村郷土資料館に展示されているニホンオオカミの骨。すでに絶滅したといわれて久しいが、やはりどこかで生息し続けていてほしいなと思ってしまう

るんだって！」

６０００万円のトイレかあ。旅の最後をトイレで締めるのも悪くないかな。

「行ってみます！」と声をかけ、リュックを背負って立ち上がった。

**DATA**

**⦿モデルプラン**：JR五日市線武蔵五日市駅→神戸岩バス停→神戸岩→神戸岩バス停→檜原村郷土資料館→和田向バス停（ヒノキ造りトイレ）→武蔵五日市駅

**⦿歩行距離**：約9km

**⦿歩行時間**：約3時間

**⦿アクセス**：起終点の武蔵五日市駅へは、新宿から中央線、青梅線、五日市線を乗り継いで約1時間10分。そこから神戸岩バス停へはバスで約30分。和田向バス停から武蔵五日市駅へはバスで約20分

**⦿立ち寄りスポット情報**：神戸岩＝檜原村神戸。檜原村郷土資料館＝檜原村3221。☏042-598-0880。9:30～17:00（12～3月は10:00～16:00）。火（祝日の場合翌日）、年末年始休。無料

半日徒歩旅行の心得④

# 旅先の食事

半日徒歩旅行のプランとしては、正午あたりにスタート地点に到着、そこから歩き始めるというのが多いのだが、ちょっと悩むのがお昼ご飯。スタート地点に手頃な食堂でもあったら、まずはそこで腹ごしらえしてというのも悪くはないが、いきなり小一時間を費やしてしまうのはちょっと心配。とくに秋冬は日没が早い。また、途中でもっと素敵な店が現れたらどうしようという、欲張りな気持ちもどこかにあったりもする。結局、よほど心惹かれる店がいきなり現れないかぎりは、最初のお店はスルー。

しかし、かといって最後までほかに店が現れない可能性もあるわけで、そんなときのために保険としてコンビニのおにぎりやサンドイッチをひとつふたつ、リュックのポケットに放り込んでおくことが多い。いわゆる「非常食」だ。お腹をすかせながら歩きつづけるのは辛いし、「店がなかったらどうしよう」という不安とともに旅をするのも精神衛生上よろしくない。

それとは逆に、水は家からしっかりと水筒に入れて持参。21世紀を生きる僕たちとしては、むやみにペットボトルのお世話にはなりたくないし、家からなら好きなものを好きなだけ持っていける。保温性のあるものならば、季節に応じて冷たいものも、温かいものもお好み次第。それに金属製の水筒を長く愛用していると、少しずつ本体にキズやへこみができたりして、これが長い旅の証しのようでちょっと誇らしくなってしまうんだよなー。

# 第5章

# 里山を徘徊する徒歩旅行

豊かな自然と人間の営みの連綿とした
つながりを見せてくれる里山。
峠を越えて渓谷を渡り、
里山の風景を徘徊してみよう。

和田峠を越えて辿り着いた佐野川の集落では、そこかしこに白壁の蔵が目についた。ここはお茶の名産地。物流が今ほど便利になる前は、収穫したお茶をここに保存したのだろうか

# 陣馬街道と佐野川の茶畑《じんばかいどうとさのがわのちゃばたけ》

## 「酷道」を歩いて峠越え。その先に広がる茶畑の集落へ

東京都
神奈川県

陣馬街道は、東京の八王子から神奈川の藤野方面を結ぶ国道だ。甲州街道の支線であることから、甲州裏街道なんていう呼ばれかたもしている。裏街道。ちょっとそそられる響き。「人生、裏街道ばかり歩いてきたぜ……」なんて一度くらい吐いてみたい科白《せりふ》だな。

とはいっても裏街道にはそれなりにキビシイものがあるわけで、この陣馬街道も狭い一車線の急坂道がウネウネとのたうつように峠を目指して延びている。車の待避スペースも少なく、途中で車同士が鉢合わせしたらすれ違いはなかなか大変そうだ。ちょっとした荒天で通行止めになることでも知られ、入口には「豪雨・豪雪・地震時は通行止め」と、半ばヤケクソのように大書きされている。いわゆる「酷道」だ。

そもそも東京から藤野や山梨方面へ抜けようと思ったら、たいていの人は中央道や甲州

陣馬街道を登り始めるとすぐに、道沿いに立派な石垣と黒塗りの板塀が続いていた。ここが単なる山越えの道ではなく、昔から人の往来が盛んだったことがうかがえる

街道を利用するはずで、ここを越えようというのは「あえて来る」人が多い。おかげで陣馬街道は車の往来も少なく、ハイカーやサイクリスト、ライダーたちに愛される道になっている。全線舗装されているので、山道歩きには自信がない人でも安心だ。

スタートは、JR中央線高尾駅からバスで40分ほど来たところにある終点・陣馬高原下バス停だ。このバスルートでさえ、後半は細い道をギリギリで上っていく。途中対向車が現れると先方がバックして待避。すれ違い時の誘導対策なのか、この日はバスにも運転士以外にもうひとり乗務していた。

停留所の向かいには、店を畳んで久しいと思われる「陣馬亭」の看板がノスタルジーを誘う。取り扱い品目に、こけしやゆずもちから、日用品、化粧品まで掲げられており、営業時は土産物屋兼地元のよろず屋だったのだろう。

道は案下《あんげ》川沿いに少しずつ標高を稼いでいく。案下というのはこの周辺の地名だ。しばらくは道沿いに黒塗りの木壁や古い石仏が点在し、ここが歴史ある集落であることを教えてくれる。周囲は針葉樹と広葉樹の混成林に囲まれ、そんななか、ときおり峠越えのサイクリストが息を切らせながら追い抜いていく。途中はあまり展望はないのだが、峠まであと少しというところで、ようやく東側の視界が開ける。遠くに白く見える丸いものは所沢の西武ドームだろうか。

やがて前方が明るくなり、人の気配も増えてくる。和田峠へ到着だ。標高690m。時間にして1時間。スタートした陣馬高原下バス停から約370mの標高差だ。ここから裏高尾の陣馬山までは往復小一時間とあって、峠までクルマで来て登る人も多い。峠の茶屋もあって、ハイカーやサイクリストが峠の心地よい風に吹かれながら休憩している。僕も茶屋でひと休み。飲み物を買って、持ってきたお弁当を広げる。

和田峠は古くから武蔵の国と相模の国を結ぶ交易の道として歩かれており、近代にはこ

登りきった和田峠では峠の茶屋が店を開けていた。陣馬山から下りてきたハイカー、峠越えのサイクリストやライダーで賑わっている。寒い時期は、おでんやカップ麺といったメニューがうれしい

の峠を越えた絹が横浜港まで運ばれていたそうだ。

峠を境にして東京都から神奈川県へ入る。東京側よりもやや道は広くなり、青い空が映えわたる。九十九折りの道を快適に下っていくと、前方になにか動くものが。目を凝らしてみると一匹のサルだ。その脇にもう一匹。まだあまり人にすれていないようで、こちらの姿に気づくとあわてて森のなかに消えていった。

下っていくにつれて、周囲にはポツポツと人家が現れるようになる。どの家にも立派な蔵が建てられていて、そしてその背後の斜面には、美しい茶畑が整然と並んでいる。

佐野川の集落には、しっかりと手入れされたお茶畑が整然と広がっていた。しかし、この急斜面を上ったり下ったりしながら農作業をするのかと想像すると、頭の下がる思いだ

実は、ここ佐野川の流域はお茶の産地として名高いのだ。昼夜の寒暖差が大きく、さらには、ときに発生する霧が上質の茶葉を産むのだとか。

聞けば例年GW明けには一番茶の茶摘みが行われるのだが、今年は5月に入ってから2回も霜が下りてしまい、おかげで収穫が少し遅れているそうだ。その時期には、一番茶を目当てにやってくるハイカーも多いという。

脇道から高台に入って、お茶畑が波のように連なる谷あいの風景を眺めていると、ちょっとした桃源郷のような雰囲気を醸し出しているが、実はここも後継者不足に悩んでいるという。近所の高齢者

陣馬高原側の峠道は終始樹林に覆われていたが、和田峠を越えると目の前に絶景が広がった。まだ山頂に雪を残した富士山、その手前に居並ぶのは道志の山々だろう

同士で協力して、なんとか茶畑を維持しているものの、それでも茶畑の面積は次第に減少しているそうだ。

やがて和田という集落まで下ってくれば、そこからは藤野行きのバスも出ているし、ＪＲ藤野駅まで歩いてもそこから1時間半はかからない。

**DATA**

**⦿モデルプラン**：JR中央線高尾駅→陣馬高原下バス停→和田峠→佐野川→和田バス停→JR中央本線藤野駅
**⦿歩行距離**：約7.5km
**⦿歩行時間**：約2時間半
**⦿アクセス**：起点の高尾駅へは、新宿駅からJR中央線または京王線で約45分。そこから陣馬高原下バス停へはバスで約40分。終点の藤野駅へは和田バス停からバスで約15分。藤野駅から新宿駅へは中央本線、中央線で約1時間
**⦿立ち寄りスポット情報**：峠の茶屋（和田峠）＝相模原市緑区佐野川4-イ。℡042-687-2882。9:00～17:00。天候などにより不定休

# 守谷野鳥のみちと間宮林蔵記念館《もりややちょうのみちとまみやりんぞうきねんかん》

## 野鳥飛びかう里を渡り、江戸の大探検家が育った故郷を訪ねる

茨城県

守谷の地名は常磐道守谷ＳＡの名で聞くことはあったが、街自体を訪ねる機会はなかった。以前は関東鉄道常総線しか鉄道がなく、交通の便もよいとはいえなかった。それがつくばエクスプレスの開業で状況は一変。秋葉原から30分ちょっとの立地になったのだ。

そのいっぽう、今も多くの自然が残り、徒歩旅行を楽しむのにも格好のスポットとなっている。とくに行政や市民ボランティアが中心となって整備した「守谷野鳥のみち」は、湿地や森、農道を散策できるコースになっていてお勧めだ。

スタートはつくばエクスプレスの守谷駅。八坂口という出口から関東鉄道に沿いながら曲がりくねる街道を南下していくと、やがて郵便局が見えてくるので、そのひとつ前の道を左へ入る。周囲は新興住宅街だが、その先は突き当たりになっており、右へと野鳥の道

木道が整備された「守谷野鳥のみち」。森あり小川あり湿地あり。決して山深い場所ではないが，さまざまな生き物たちが生息する絶好のスポットになっている

が延びている。入ってすぐにいきなり道は分岐していてどちらに進むか迷うが、まずは湿地帯に木道が敷かれた気持ちのよさそうなコースへ。

周囲はヨシ原に囲まれ、その向こうには森が見える。どちらも野鳥が生息するには絶好の場所だろう。木道の脇には清冽な小川が流れ、のぞき込むとメダカが気持ちよさそうに泳いでいる。ところどころに現れるベンチでは、地元のかたなのだろう、ご婦人たちがお弁当を開いたり、絵描きのおじさんが美しい風景を写し取っている。

さて、せっかく「野鳥」の道に来たのだから、一羽や二羽は観察してみたいも

三、四十羽の
シジュウカラとエナガの
群れに会いました
ラッキー！
9/28 歩パパ

「守谷野鳥のみち」の一画にあるあずま屋には、黒板がいくつも設置されていて、訪れた人が出会った鳥の目撃情報を思い思いに書き込んでいた

の。しかし周囲からはさまざまな鳴き声が響いてくるものの、姿はなかなか現さない。もう少し植物が葉を落としてからのほうがよかったとちょっとあきらめモードに入ったところ、突然、目の前を「ケーン！」という鳴き声とともに大きな鳥が横切った。その姿は僕でも一目瞭然。キジだ。優雅な姿形はさすが日本の国鳥。ちなみにキジのこの行動は、メスを守るための囮《おとり》とも威嚇ともいわれている。どこかでメスが息を潜めているのかもしれない。

　野鳥の道はいくつも道が枝分かれして、現在位置がわかりにくくなることもあるが、指導標はしっかりしている。道迷いを怖れるより、いっそ迷うことを楽しむくらいの気持ちで歩いたほうが気楽だ。

豊かな自然を楽しんだところでもうひとつの目的地、間宮林蔵記念館を目指す。ご存じ間宮林蔵は江戸時代の探検家で、樺太を北端まで探索し、樺太が島であることを発見した人物だ。僕が子どものころに夢中で読んだ『なぜなにぼうけんと探検』という本では、長き無人島生活の末に帰還したジョン万次郎、日本人として初めて南極に上陸した白瀬中尉と並んで、この間宮林蔵が日本人探検家として紹介されていた記憶がある。

間宮林蔵記念館へ赴くには、南守谷からつくばみらい市方面へ向かう県道を辿る。ただ、クルマの往来が多い道をそのまま歩いても風情に欠けるので、なるべく並走する旧道や農道を伝っていく。途中には御殿のような立派な家が連なり、どの家にも同じ名字の表札が掲げられているのを見て、このへんの旧家なのかなと勝手に想像しながら進む。

やがて小貝川を橋で渡ると、そこから記念館まではあと少しの距離。途中、前方からやってきた見知らぬ男性に声をかけられる。「間宮林蔵記念館なら、角を右に入って道なりですよ。あ、これ現地でもらった地図なんでさしあげましょう」おお、同好の士のようだ。女性と違って、おじさん同士は声をかけづらいもの。ありがたくいただいて、先を目指す。

記念館の入口では間宮林蔵の銅像が迎えてくれる。館内では間宮林蔵の生涯を解説する動画や、彼の遺品なども展示してあり、樺太探検の苦難の様子がうかがえる。もっと大きな船で向かったのかと想像していたが、実際には10人も乗れない小舟で厳寒の間宮海峡を航海したと知って驚愕。たしかに小さな船でないと、陸沿いに進むのは難しいだろうし、そもそも間宮海峡は水深が極端に浅いという。敷地には少年時代の間宮林蔵が実際に暮らしていた生家も移築復元されている。

近くのお寺にある間宮林蔵のお墓もお参りしてみれば、そんな大探検家のそれとは思えないほど小さくて質素なもの。これは、樺太を目指す際に生きて帰れぬ可能性も高いことから、自ら生前に建て

小貝川の堰止め工事で、若き日にその才能を見いだされたという間宮林蔵。彼の記念館はその小貝川の畔に建つ。彼の銅像が手にしている鎖は、船上から水深を測る道具

間宮林蔵記念館からほど近い、専称寺というお寺に間宮林蔵は眠っている。享年65歳。幼少期の彼はここの住職から算術や地理などを学び、それが後々の偉業の礎となった

たものらしい。そこまでの覚悟で臨んだのか。

お寺を辞して目の前の畑の向こうに目を遣れば、幼いころの間宮林蔵も眺めていたに違いない、筑波山の特徴的な山容がくっきりとその姿を見せていた。

**DATA**

**⦿モデルプラン**：つくばエクスプレス守谷駅→守谷野鳥のみち→間宮林蔵記念館→専称寺（間宮林蔵墓地）→関東鉄道常総線南守谷駅
**⦿歩行距離**：約11km
**⦿歩行時間**：約4時間
**⦿アクセス**：起点の守谷駅へは秋葉原駅からつくばエクスプレスで約35分。終点の南守谷駅からは関東鉄道常総線で守谷駅へ約3分。そこからはつくばエクスプレスで秋葉原駅へ
**⦿立ち寄りスポット情報**：守谷野鳥のみち＝℡0297-45-1111（守谷市観光協会）。間宮林蔵記念館＝つくばみらい市上平柳64-6。℡0297-58-7701。9:00～16:30。月（祝日の場合翌日）、年末年始休。一般100円

# 嵐山渓谷《らんざんけいこく》と鬼《おに》の神社《じんじゃ》

## 鬼を祀る神社を詣で、一世を風靡した渓谷を歩く

埼玉県

埼玉県中部に位置する嵐山町は、もともとは菅谷村と呼ばれる村だった。それが昭和初期、林学博士の本多静六が村を流れる渓谷の風景を「京都嵐山によく似ている」「これは武蔵嵐山だ」と語ったことから評判になり、最盛期には年間100万人もの観光客が訪れるほどの賑わいを見せたという。それに伴い東武鉄道もそれまでの「菅谷駅」を「武蔵嵐山駅」に改称。さらには戦後、町制施行に伴い、自治体の名称も「菅谷村」から「嵐山町」となって今日に至るそうだ。読みかたが「あらしやま」ではなく「らんざん」なのは、本家へのリスペクトだろうか。

嵐山町のそんな歴史を知って、たしか相模湖畔の嵐山でも、時代こそ異なるものの似たような話を聞いたなと思い出す。やはり、かくもさように東人《あずまびと》の京都へ対する憧れは強か

鬼鎮神社に奉納されている数々の金棒。それぞれにさまざまな意匠が凝らされており、作り手のこだわりが感じられる。で、どこにお願いしたら作ってもらえるんだろう

ったのだろうか。

　ならば、この町の由来ともなった渓谷を訪れてみようではないかと嵐山町を目指したのだが、駅に着いたところでいきなり道を反れる。この町には日本でもきわめて珍しい、鬼を祀っている神社があるのだ。

　比較的新しい住宅街を抜けること約10分。空が開けたところにその神社はあった。神社の名前はそのものずばり鬼鎮神社。鳥居をくぐって社殿を見上げれば、そこにはいくつもの鬼瓦がこちらを睥睨《へいげい》している。そして軒下にはユーモラスな赤鬼青鬼が描かれた額が飾られ、絵馬の絵ももちろん鬼。そして一番興味深いの

が、賽銭箱の隣りに奉納されている数々の金棒。実はこの鬼鎮神社、鬼を祀っているだけに武運長久に御利益ありとされ、見事大願成就の際には金棒を奉納する習慣があるそうだ。

しかし、ずらりと並んだ金棒は大きさ、デザインともにさまざまで、どれも一点ものの受注品であることが想像される。ハリボテではなく、ずっしりと重量感のある金属製でまさに武具。いったいどこにお願いすると金棒を作ってくれるのだろうか。ちなみにこの神社の節分では、「福は内、鬼は内、悪魔外」と声を上げながら豆をまくそうだ。

さて、鬼を満喫したところで嵐山渓谷へ。駅の反対側に回り、車道をしばらく歩いていくと、やがて道は薄暗い杉林へと続く。道幅は一車線ほどあるが、入口には鎖がかかっていたので、歩行者専用の遊歩道ということだろう。まだ残暑が残る季節だったが、林のなかはひんやりとして気持ちいい。杉の樹間にチラリチラリと顔をのぞかせているのが嵐山渓谷を流れる槻川だ。

やがて道は次第に川と並走し、冠水橋で川を渡る。冠水橋というのは沈下橋とも呼ばれ、橋に欄干を設けずに、増水時などに流失しにくい構造の橋のこと。橋の上から川を眺めれば左右に山が迫り、たしかに風光明媚。そして京都嵐山に似ているかに思いを巡らせたときに、自分が京都嵐山に行ったことがないのに気づく。この件は今後の宿題だ。

冠水橋で嵐山渓谷の核心部を渡る。このくらいの高度差なら欄干がなくてもなんということもないが、もっと高くなると、橋の幅は十分あるとわかっていてもちょっと怖くなる

嵐山渓谷を抜けたら、のどかな農村風景のなかを南東へ。途中でクルマの往来が盛んな県道に出そうになるので、その手前に並走する旧道らしき道を歩く。緩やかに曲がりくねった好ましい道。道沿いに点在するお地蔵様や石碑が歴史を感じさせてくれる。

県道越しに「嵐山幼稚園」の看板が見えたらそちらへ渡ると、そこにはこれまた見事な木造近代建築が。これは1905（明治38）年に浦和に建てられた旧日本赤十字社埼玉支部の社屋で、1983（昭和58）年にこの地に移築されたらしい。木造平屋のコロニアル様式の洋館だ。嵐山幼稚園の敷地内にあるの

浦和からこの地に移築保存された旧日本赤十字社埼玉支部の建物。県の有形文化財に指定されている。この建物を設計した山下啓次郎は、ジャズピアニスト・山下洋輔さんの祖父にあたるらしい

も特徴で、園児たちは、今はなんとも思わなくても、大人になったときにちょっと誇らしい気持ちになるのではないか。

嵐山幼稚園の裏手を回り込むように坂を下っていくと、鎌形八幡神社が現れる。ここには、この地で生まれたとされる木曽義仲が産湯に用いたという清水があり、今もこんこんと湧きだして手水鉢にも利用されている。

ここまで来たら、あとは近くを流れる都幾川沿いに武蔵嵐山駅へ戻ろう。都幾川桜堤と呼ばれるこの道は、春には見事なサクラを咲かせるし、その先にもこの町に生息する国蝶・オオムラサキを観察できる「オオムラサキの森活動センター」

鎌形八幡神社には木曽義仲が産湯にしたという清水が残り、それは今も手水鉢を満たしている。木曽義仲の父・源義賢が現在の嵐山町に館を構えていたのだそうだ

や、かつてこの地を治めていた畠山重忠の居城であった菅谷館跡など、まだまだ見どころも多い。興味に応じて立ち寄りながら帰路につこう。

### DATA

**⊙モデルプラン**：東武東上線武蔵嵐山駅→鬼鎮神社→嵐山渓谷→旧日本赤十字社埼玉支部社屋→鎌形八幡神社→武蔵嵐山駅

**⊙歩行距離**：約10km

**⊙歩行時間**：約3時間半

**⊙アクセス**：起終点の武蔵嵐山駅へは、池袋駅から東武東上線で約1時間

**⊙立ち寄りスポット情報**：鬼鎮神社＝比企郡嵐山町大字川島1898。℡0493-62-2131。嵐山渓谷＝℡0493-81-4511（嵐山町観光協会）。旧日本赤十字社埼玉支部社屋＝比企郡嵐山町大字鎌形2230-2

# 塩山と干し柿

えんざんとほしがき

## 果樹園の小径を抜けて、干し柿作りに勤しむ里山へ

山梨県

子どものころ、干し柿が好きだった。たぶんどこからかのもらいものだろう。別に甘いものに不自由した世代ではないが、初めて食べたときは驚いた。濃密な甘さ、ネットリとした食感、考えようによっては洋菓子のような美味しさだった。

しかし、大人になるということは、ああいう幼少期の感動をひとつずつどこかに落としてくることでもある。今となっては、「干し柿～？　甘いものはちょっと」なんて、『さるかに合戦』よろしく、樹上のサルに渋柿を投げつけられんばかりの変貌ぶり。これではいかん。あのころの感動よいま一度と、干し柿が有名な塩山を巡る旅に出た。

JR中央本線の塩山駅北口を出ると、駅前に鎮座しているのが甲州の雄である武田信玄公の座像。そしてその向こう側には重厚な古民家が建っている。これは甘草《かんぞう》屋敷と呼ばれ

塩山駅を下車してすぐ目の前に建っている甘草屋敷。その大きさにまず驚かされる。季節は初冬とあって、ここの軒下にもずらりと干し柿が吊るされていた

る建物で、国の重要文化財にも指定されている。建てられたのは江戸後期。ここでは代々、幕府に納めるカンゾウを栽培していたことからこう呼ばれるそうだ。切り妻屋根の中央に、二段になった突き上げ屋根が乗っている姿も独特で、聞けば「甲州民家」と呼ばれる、この地方独自の建築様式らしい。

内部を見学させていただくと、その広さに驚かされる。そして1993（平成5）年まで、この屋敷に所有者の女性がひとりで暮らしていたと聞いて二度びっくり。掃除、大変だっただろうな。庭では現在もカンゾウが栽培されており、見学後にいただいた甘草茶はそれを用いた

もの。口に含めばほんのりと甘さを感じる優しい味だった。

駅前でいきなり道草（いや甘草か）を食ってしまったが、ここからは細い道をつないで北西へ。眼前には、「塩山」という地名の由来ともいわれる塩ノ山が大きい。

天気のよい秋の一日。農家の軒先を歩けば、案の定どこのおうちでも干し柿作りのまっ最中だ。ある一軒で写真を撮らせてもらいつつ、作業工程を尋ねてみると、これがなかなか大変。平台にずらりと並べてある柿は毎夜室内に取り込み、朝にはまた外で干すの繰り返し。しかもひとつずつていねいにひっくり返し

歩き始めるとすぐに塩ノ山が右手の視界に入ってくる。小さな山なのでわざわざ遠方から登りにくる人は少ないが、地元の人にはちょうどいいお散歩コースになっているようだ

岩波農園の見事な干し柿づくりの風景。冬枯れの水墨画のような里山風景に、干し柿のオレンジ色がことさら引き立つ。わざわざ観光バスも訪れるスポットだ

て、まんべんなく乾燥させなくてはならず、さらには、これまたひとつずつ優しくもんでやることが、柔らかい干し柿作りには必須なのだそうだ。以前、我流で干し柿を作ったことがあったが、あのときの干し柿がみんなカチンコチンになってしまったのも道理だ。

少しずつ笛吹川に近づくように北上していくと、やがて恵林寺というお寺が現れる。ここは武田氏の菩提寺でもあり、地元の人からも篤い信仰を受けている。ここから県道を挟んだ西側には、岩波農園という干し柿の生産農家があるので、もちろん寄ってみる。ここは見学も快く受け入れてくれるし、干し柿の直販

も行っているのだ。「ゆっくり見てってくださーい」という声に迎えられながら入ってみると、家も軒先も、そして庭も干し柿だらけ。まさに満艦飾というに相応しい。訪れた12月初旬は干し柿作りの最盛期とのこと。11月の中旬から始まる作業は12月半ばすぎまで続けられ、そこからは出荷手続きに入り、年末年始の贈答品として重宝される。塩山の干し柿は「ころ柿」と呼ばれる高級品なのだ。

農場をあとにしたら、あちこちの果樹園を抜ける小径を歩きながら塩ノ山へ。駅側、つまり南側から見た塩ノ山は、平たいピラミッドのような山容をしていたのに、北側から望むと前方後円墳のようなシルエットに見えるのがちょっと不思議。なかにはスフィンクスに見えるという人もいるので、まあ人の見立てはさまざまだ。

ちなみに、もし本当に前方後円墳だったらとその大きさを調べてみると、長さは1100m以上。世界最大の墳墓といわれる仁徳天皇陵ですらその墳丘長は525mなので、倍以上ある。そうだとしたら世紀の大発見だが、いやいや、まさかね。

そんな塩ノ山は標高も553mあるが、麓の標高がすでに400m以上あるので、実際に登るのは150mほど。頂上まで30分もかからない。頂上からは御坂山塊越しに頭をのぞかせる富士山、そして甲府盆地の東端にあたる塩山の町並みが一望できる。足元には塩

果樹園のなかを曲がりくねるように抜ける農道を歩く。目の前に見えるのは塩ノ山。反対側から観たときとは（194頁）、まるで山容が異なるのがおもしろい

山の駅もくっきりと。下ればすぐの距離だが、その直前、山麓には塩山温泉郷があるので、どこかでひと風呂浴びていくことにしよう。そんなダンドリのよさも塩山の魅力だなあとひとり悦に入っていたら、干し柿を食べそびれたことに気がついた。

## DATA

**⦿モデルプラン**：JR中央本線塩山駅→甘草屋敷→恵林寺→岩波農園→塩ノ山→塩山駅
**⦿歩行距離**：約10km
**⦿歩行時間**：約4時間
**⦿アクセス**：起終点の塩山駅へは、新宿駅から中央線、中央本線を乗り継いで約2時間15分
**⦿立ち寄りスポット情報**：甘草屋敷＝甲州市塩山上於曽1651。☎0553-33-5910。9:00～16:30。火（祝日の場合開館）、祝日の翌日、年末年始休。一般310円。恵林寺＝甲州市塩山小屋敷2280。☎0553-33-3011。岩波農園＝甲州市塩山小屋敷1579-1。☎0553-33-9585。8:00～17:00。無休

# 寄居と風布のミカン畑

よりいとふうぷのみかんばたけ

埼玉県

## 小さな源流を遡り、日当たり良好のミカン山を目指す

埼玉県寄居町の西端に「風布」という集落がある。「ふうぷ（「ふっぷ」「ふうっぷ」とも）」と読むそうで、語源は定かではないようだが、なんとなくミステリアスな響きを持っている。また、アイヌ語由来ではないかという説もあり、そういわれるとそんな気もしてくる。「風のみち歩道」と呼ばれる小径を通ってこの風布を訪ねてみた。

起点となるのは秩父鉄道の波久礼駅。「はぐれ」という地名もちょっと気になるところだが、それはまたの機会にして風布を目指す。荒川を車道で渡ってしばらく行くと丁字路につきあたる。これを左に入ると、やがて風布川が荒川に注ぎ込むところに「風のみち歩道」入口の看板が現れたのでそちらへ。

集落内を少し歩いてから川沿いの山道へ入る。周囲は杉林に囲まれちょっと薄暗い。入

風布川（釜伏川とも）を遡って、風布の集落を目指す。流れる水は清冽そのもの。上流部には、環境省の名水百選にも選ばれた「日本水」の源泉もある

口には「熊目撃情報あり！」なんていう看板も立っていてちょっとびびるが、川の対岸には舗装路が延び、ときどきクルマの往来もあるので大丈夫だろうと自分を励まして先へ進む。道はアップダウンを繰り返しつつ、川面に寄ったり離れたりしながら続いていく。途中、飛び石伝いに川を渡る場所があり、これがちょっとスリリングで楽しい。まあ、うっかり川に足を踏み込んでも水深はせいぜい15㎝ほどしかなかったけれど。

川の流れは清らか。底の石がくっきりと見通せ、ヤマメやカジカ、サンショウウオなども生息しているそうだ。僕もなんとか見つけられないものかと、必死に

風布集落の入口に祀られている姥宮神社。神使は巨大なカエルだ。このアングルからだと見えにくいが、カエルの背中には小さな子ガエル？が３匹も乗っている

目を凝らしてみたが、そう簡単に見つかるようでは生き抜くことも難しいようで、発見ならず。

川を何度か渡り、そのまま車道に出たところで歩道はおしまい。どうやら目的地に到着したようだ。集落の入口には姥宮神社という神社があり、ここの神使はなんとカエル。通常なら狛犬が立つ位置で二匹のカエルが迎えてくれる。さらに社殿の裏手には、大岩の隙間を巡る「胎内くぐり」もあってなかなか興味深い。ちなみに祀られているのは石凝姥命《いしこりどめのみこと》という、鏡作りの神様だそうだ。

風布の集落は川の西側斜面に家が点在しており、それらの家の間を埋めている

風布川の西側斜面には、一面にミカンの木が植えられていた。集落には10軒以上のミカン農園があり、それぞれの農園が掲げる手描きの看板がまた味わい深かったりする

のは一面のミカン畑。風布はミカン栽培を生業にしている農家が多く、毎年11～12月ころにはどこの農家もミカン狩りを催して、多くの人がやってくるのだ。訪れたのは10月上旬とあってミカンはまだ青々としていたが、あとひと月もすれば食べごろになるのだろう。

そんなミカン畑の間を縫うように坂道を登っていくと、やがて道端に現れるのが、「日本水《やまとみず》」と呼ばれる銘水の採水場だ。これは全国名水百選にも選ばれたもので、源泉から導水管で引いているそうだ。日本水という名は、日本武尊《やまとたけるのみこと》の東征時の伝説によるものらしい。ちなみに集落近くの川辺には食事やバーベキューを楽しめ

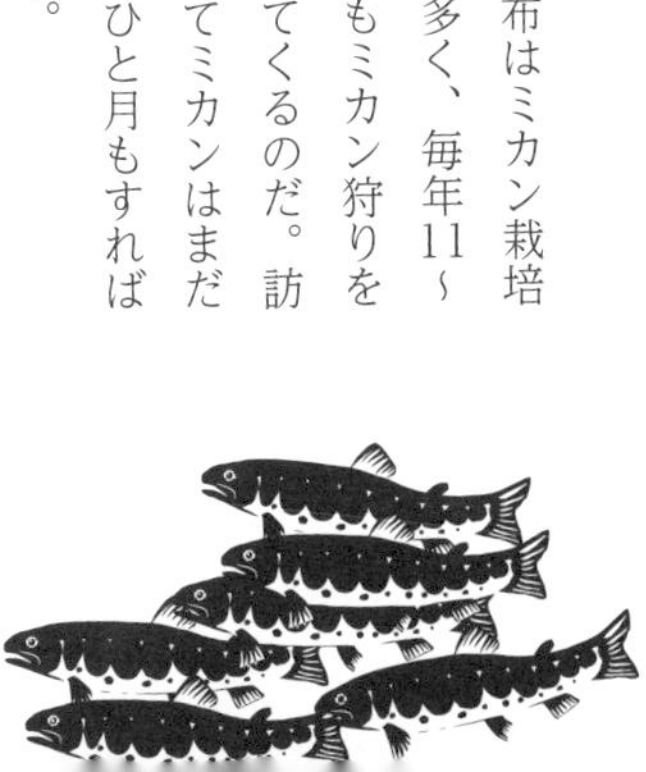

る観光施設もあるので、そこで休憩していくのもいいだろう。

風布からは同じ道を戻ってもおもしろくない。地図を見ると往路とはV字状に分かれて東の寄居方面へ向かう道が伸びていたので、そちらを歩いてみることにする。小さな尾根をひとつ越えることになるのでしばらくは登りが続くが、思いがけないところに牛舎があったり、舗装されているのにクルマの姿はほとんど見かけなかったりと、なかなか趣深い道だ。

途中、切り通しで尾根を抜けて下り始めたところで、道端でなにかを拾っているおじさんと出会う。挨拶がてら拾っているものを見せてもらうと、なんとシバグリだ。もう、そんな季節なんだなあ。おじさんは地元のかただそうで、自転車のフレームパックいっぱいに拾っていたが、「虫に喰われているのも多くてね。ただ食べるだけなら買ったほうが安いかも」と笑う。つまりは拾うという行為が楽しいんだな。わかります。

この道を荒川のたもとまで下りきり、そこから荒川と並走するように東へ向かえば、やがて鉢形城公園に至る。ここは日本百名城にも数えられる鉢形城址を公園にしたもので、堀や土塁、曲輪跡などが今も確認できる。

当時、この城を構えていたのは北条氏邦。実は彼が相模からこの地に赴いた際に持ちこ

鉢形城を目指す道すがら、一面に白い花が咲き誇る畑が現れた。おお、これはソバの花ではないか。そうだった。秩父地方はソバの名産地としても知られているのだった

んだミカンの苗が、先ほど歩いた風布のミカンの始まりなのだとか。城とミカン。一見無関係に見えるものにも、そんな物語が秘められているのだった。

鉢形城址公園からは荒川を橋で渡って北上すれば、寄居駅までは歩いて10分ほどの距離だ。

DATA

⊙**モデルプラン**：秩父鉄道波久礼駅→風布→日本水→鉢形城公園→東武東上線寄居駅
⊙**歩行距離**：約13km
⊙**歩行時間**：約4時間半
⊙**アクセス**：起点の波久礼駅へは、池袋駅から東武東上線で寄居駅へ。そこから秩父鉄道に乗り継いで約2時間。終点の寄居駅からは東武東上線で池袋駅へ約1時間半
⊙**立ち寄りスポット情報**：日本水＝大里郡寄居町風布。車道脇まで水が引かれている。源泉地は現在崩落の危険があり立ち入り禁止。鉢形城公園＝大里郡寄居町大字鉢形2692-2。☎048-586-0315（鉢形城歴史館）

2020年2月現在、「風のみち歩道」は2019年秋の台風の影響で通行不能になっているが、併走する舗装道を歩けば風布まで歩くことは可能。

# 小野路《おのじ》

## 古道を辿っていにしえの宿場町へ、都内に残る貴重な谷戸を歩く

東京都

現在、多摩ニュータウンが広がる一帯は、もともとは多摩丘陵と呼ばれる穏やかな丘陵地帯で、周辺にはいくつもの農村が点在していた。しかし1966（昭和41）年から段階的に始まったニュータウンの開発により丘陵は次第に減少、今では開発地の隙間にほそぼそと残るのみになってしまった。

開発の様子については、ジブリアニメ『平成狸合戦ぽんぽこ』などのモチーフにもなっているので、なんとなく知っている人もいるだろう。

そんな現在の多摩丘陵だが、それでもまだ部分的には当時の面影を偲ばせる道がわずかに残っている。そういった小径を歩きつないで、宿場の雰囲気を今に残す小野路周辺を目指してみよう。

布田道を歩いていくと、やがて現れるのが「関屋の切り通し」。昔からあまり変わっていないんだろうなと思わせる風景だ

スタート地点となるのは多摩センター駅。この界隈は多摩丘陵のなかでも比較的初期に開発が行われたエリアで、駅を出てみればいかにもゼロから造りあげました感あふれる人工的な街並が広がっていて、かつての農村が数十年でここまで変貌を遂げるのかということに驚かされる。

駅からは多摩中央公園や住宅街を抜けて南へ。やがて南多摩尾根幹線道路を渡ると恵泉女学園大学が現れるので、その東の端、妙櫻寺というお寺との間から丘陵へ入る。

ここからは三本の細い道が延びていて、また指導標もないので間違えやすいところ。実はどの道を歩いても途中から軌道修正は可能なのだが、ここではせっかくなので三本のうちの真ん中にあたる登りの山道を登っていこう。

道は赤土がしっかり踏み固められていて、昔からたくさんの人に歩かれてきたことがうかがえる。ときおり樹林が切れて畑が広がるあたりはいかにも多摩丘陵らしい。道が次第に細くなり、完全に登山道状態になってちょっと不安を感じはじめるころ、森に囲まれた田んぼに降り立つ。

そこからは田んぼ脇の畦道を辿っていくと、やがて「布田道」と書かれた道標のある分岐に出るのでこれを右へ。布田道は調布の布田宿と、これから目指す小野路宿を結んでい

万松寺谷戸へ向かうと、水田がポツポツと現れてきた（写真右）。小野路城址には小さな祠があり、なかには奥多摩は御嶽神社の護符が納められていた。信仰の伝播が興味深い（写真左）

た古道だ。調布に生まれた新撰組の近藤勇らが、この道を歩いて小野路の小島道場へ出稽古に赴いていたことでも知られている。

　この道をしばらく歩くと、周囲を竹林に囲まれた迫力のある切り通しが眼前に現れる。ここは関屋の切り通しと呼ばれ、過去には関所も設けられていたという。切り通しを越えると再び分岐が現れるので、道標にしたがって左へ入れば小野路はまもなくだ。

　小野路は古くは鎌倉古道や大山街道の要衝として栄え、最近では昔ながらの面影を残す宿場として人気も高い。小野神社をお参りするのもいいし、その隣にはかつて旅籠として使われていた旧家を改修した「小野路宿里山交流館」もある。ここでは農産物の直売や飲み物、軽食なども楽しめるので、ひと休みしていくのもいいだろう。

小野路からは、小野神社の先で分岐する細い道を右に入っていくと、目の前に万松寺《ばんしょうじ》谷戸が広がってくる。谷戸は水が豊富なことから稲作などに利用されることが多いが、ここもその例にもれず水田として利用されている。

万松寺谷戸を抜けて正面にある小さな山を登れば、その頂上が小野路城址。小野路城は12世紀にこの地に勢力を持っていた小山田氏によって築城された平山城で、15世紀には落城。その後は改修されることもなく、現在、当時を思い起こさせるような遺構は何も残っていない。

ちなみに小野路城址へ登る山道の脇には、「小町井戸」と呼ばれる湧き水があり、平安時代に眼病を患った小野小町が、ここの水で目を洗ったところ全快したという伝承を持っている。

小野路城址からは、小野路方面とは逆の西へ延びる山道を下っていくと、やがて辿り着くのが奈良ばい谷戸。ここの谷戸もやはり水が豊かで、山麓の斜面からは澄んだ湧水が田んぼ脇の用水路に流れ込んでいる。もちろんここでも、稲作をはじめとしてさまざまな作

絵に描いたような谷戸地形の風景を見せる奈良ばい谷戸。東京都内にもまだこんな光景が残っているのかと思うと、なんだかうれしくなってしまう

物が栽培されていた。

奈良ばい谷戸を下りきると車道に飛び出すので、それを左折してしばらく歩くと、町田バスセンター（町田駅）行きのバスがやって来る日大三高東バス停に辿り着く。このあたりで今日の徒歩旅行の仕上げとしよう。

## DATA

**⦿モデルプラン**：多摩センター駅→妙櫻寺分岐→関屋の切り通し→小野路→万松寺谷戸→小野路城址→奈良ばい谷戸→日大三高東バス停→町田駅

**⦿歩行距離**：約7km

**⦿歩行時間**：約2時間半

**⦿アクセス**：起点の多摩センター駅へは、新宿駅から小田急小田原線または京王線で約40分。終点の町田駅へは日大三高東バス停からバスで約30分。そこから新宿駅へは小田急小田原線で約35分

**⦿立ち寄りスポット情報**：小野路宿里山交流館＝町田市小野路町888-1。℡042-860-4835。9:00〜17:00。年末年始休

# 横瀬の棚田と秩父《よこぜのたなだとちちぶ》

## 背後に武甲山をしたがえた、美しい棚田の風景を眺めに

埼玉県

西武秩父線の終点である西武秩父駅のひとつ手前、横瀬駅で下車する。改札を抜けて駅舎を振り返れば、その向こうには武甲山がどかんと腰を下ろしている。セメントの原料として欠かせない石灰石の膨大な鉱床を有していることから、明治時代より採掘が行われ、今日では当時の姿とは似ても似つかぬまでその山容を変えてしまった。それでも秩父人にとって心の山であることには変わらぬようで、秩父の街を歩けば四季折々に撮影された武甲山の写真があちこちに飾られている。

西武秩父線沿線は山歩きのベースとして利用することが多いが、今回はちょっと違う。秩父地方でもすっかり珍しくなってしまった、棚田の風景を見にやってきたのだ。棚田というのはご存じの通り、傾斜地で稲作をするために階段状に水平な田んぼを何枚も作った

もので、かつては平地が少ない山里の象徴的存在だった。

しかし米の減反が進んだのに加えて、農耕機械を入れにくかったり、山間部にあることから水不足に陥りやすいといった事情から、棚田は次第と耕作放棄されていったのだが、そんななか、横瀬にはまだ残っているのだった。ちなみに、横瀬というとつい秩父市と一緒にしてしまいがちだが、ここは横瀬町という独立した行政区分。１９８４（昭和59）年までは横瀬「村」だった。

駅から延びる道を下り、国道２９９号をクランク状に越えて北上する道へ入る。途中で渡る横瀬川には澄んだ水が流れ、川原では親子連れが川遊びに興じている。季節は盛夏。標高が高いとはいえここは秩父盆地に含まれ、日中は非常に蒸し暑い。僕も川に脚を浸したいという気持ちを抑えつつさらに歩くと、やがて目の前に棚田が現れてきた。

寺坂棚田と呼ばれるこの棚田は、面積約5・2ヘクタール、現在はそのうちの４ヘクタールが水田になっている。棚田を眺めるにはやはり高台から。汗をかきかき林道を上り、一番高いところから振り返れば、目の前には一面の棚田が広がっている。ときおり山から吹く風が稲穂をやさしく揺らし、そのときばかりは暑さも忘れる。そして棚田の向こうにはやはり武甲山。

汗をかきつつ、高台まで登って寺坂の棚田を俯瞰する。田んぼの稲は、ちょうど白い花をつける季節だった。そして背後には秩父人の心の山・武甲山がそびえる

田んぼ脇の水路をのぞいてみれば、先ほどの横瀬川同様、ここにも美しい水が流れている。標高を考えるとこれは沢水なのだろう。そしてこの湧水が上から順番に棚田を潤しているわけだ。

実はこの寺坂棚田、後継者不足などが原因で一時は大半が耕作放棄地になってしまったらしい。それを平成の時代に入ってから、地元農家と都市の住民が、稲作体験やオーナー制度などによって復活させたのだという。

里山の風景がどんどん失われゆくことをただ嘆くばかりでなく、自分たちでやれることもあるのだという好例だ。

棚田を満喫したところで、たっぷりか

金昌寺は別名「石仏の寺」と呼ばれている。境内はもちろん、参道や山門の上にまで、大小さまざまな石仏がびっしりと配されている。山門にかけられた巨大な草鞋も印象的だ

いた汗をなんとかしたい。ならば温泉だ。ここまで歩いた道をさらに進めば丸山鉱泉、横瀬駅近くまで戻れば武甲温泉。このあたりは意外と温泉が豊富なのだが、まだそれほど歩いていないし、どうせなら初めての温泉へ行ってみたい。ということで寺坂棚田からさらに北へ。横瀬町から秩父市へ入ったところにある新木鉱泉を目指す。

新木鉱泉への道すがらにも、棚田でこそないものの水田が広がっていてなんだかホッとする。

途中には、秩父札所三十四カ所巡りの四番札所にあたる金昌寺があったので寄ってみる。ここは別名『石仏の寺』とし

新木鉱泉で旅の汗を流す。まだ早い時間とあってかひとり独占状態だった。泉質は「含硫黄アルカリ泉」。「卵水」とも呼ばれる滑らかな肌ざわりが特徴だ

ても知られ、境内にはおよそ1300体もの石仏が並んでいる。これらの多くは天明の大飢饉の供養として祀られたものだそうで、かつては3800体もあったそうだ。

お待ちかねの新木鉱泉は秩父七湯のひとつに数えられる歴史ある温泉。文政年間、この地に住んでいたきくさんというお婆さんの夢枕に、鎮守の森の神様が立ったことで発見に至ったという伝説を持つ。つるりとしたその湯ざわりは「卵水」の異名をもち、すべすべのお肌になるのだそうだ。

おじさんにとっての「すべすべのお肌」はどうなのかはともかく、それでも湯上

秩父の街に辿り着いたところで秩父神社を参拝。有名な「秩父夜祭」はこの神社の例祭だ。最近ではアニメ作品の舞台にもなったことから、いわゆる「聖地巡礼」の若者の姿も多い

がりは気分爽快。ここから西武秩父駅までは歩いて小一時間というところか。あそこまで出れば食堂もあるだろう。せっかくだから秩父神社にも寄っていこうかな。山の幸をいただいて、秩父の地酒を飲み、たまには特急に乗って東京に戻ることにしようか。

**DATA**

**⦿モデルプラン**：西武秩父線横瀬駅→寺坂棚田→金昌寺→新木鉱泉→西武秩父線西武秩父駅
**⦿歩行距離**：約9km
**⦿歩行時間**：約3時間
**⦿アクセス**：起点の横瀬駅へは、池袋駅から西武池袋線、西武秩父線を乗り継いで約1時間40分。終点の西武秩父駅からは西武秩父線、西武池袋線を乗り継いで池袋駅まで約1時間50分。特急を利用すれば約1時間20分
**⦿立ち寄りスポット情報**：寺坂棚田＝横瀬町大字横瀬1854。金昌寺＝秩父市山田1803。☏0494-23-1758。新木鉱泉＝秩父市山田1538。☏0494-23-2641。日帰り入浴は一般900円（休日、特別日1000円）。12:00～21:00。木休、不定期休あり

# 高崎と達磨寺

たかさきとだるまじ

群馬県

## ダルマさんのお寺から、高崎の丘陵地帯を縦走する

古くから中山道の宿場町として知られ、今日では上越新幹線と北陸新幹線の分岐点でもある高崎市。この街の名産品といえば、縁起だるまとも呼ばれる「高崎だるま」だ。毎年、正月に催される高崎だるま市は、新年早々の福を願う人たちで大賑わいになるという。その高崎だるまの原点ともいえるお寺から、高崎のもうひとつのランドマーク・高崎観音へと続く徒歩コースがあると知り、歩いてみることにした。

起点となるのは、JR信越本線で高崎駅からふたつ目の群馬八幡駅。駅を出たら少し先にある踏切を渡って南下。しばらく歩くとクルマの往来が盛んな中山道、そして碓氷川を越えると、ダルマがニュッと手を伸ばして方向を示す看板が現れるので、それにしたがえば目指す少林山達磨寺はすぐだ。

達磨寺の本堂に山と積まれたダルマの数々。ダルマに書かれた文字を見ると、いわゆる招福祈願に始まって、受験生の合格祈願、部活動の必勝祈願など、その願いもさまざまだ

山門から続く階段を上ると、目の前に霊符堂と呼ばれる本堂が現れる。本堂の濡れ縁には拳サイズのものからひと抱えもあるような大きなものまで、ダルマが山積みだ。どれも両目が入れられてあるので、大願成就して奉納されたものだろう。本堂の裏手には高いネットが張られ、これはもしかしたら山と積まれたダルマの山体崩壊を防ぐためのものか。

ここでダルマの基礎知識をおさらい。日頃、縁起物の玩具としてしか認識していないダルマだけれども、そもそもこれは禅宗の始祖とされる達磨大師の姿を模したもの。彼が壁に向かって手足を失うまで座禅を続けた、いわゆる「面壁九年」

の不撓不屈の精神にあやかる縁起ものとして広まった。ちなみにこちらのお寺では、天明の大飢饉の際に、農民救済のための副業として張り子のダルマを作らせたのが始まりだという。

本堂の隣りにある達磨堂では、夜道で遭遇したら腰を抜かしそうな、人より大きなダルマが迎えてくれ、内部は全国各地で作られるダルマのコレクションが並べられている。

さて、いよいよここから歩きだそう。「高崎自然歩道」と名づけられたその道は達磨寺の裏手から延びるらしいが、入口がわかりづらく、お坊さんに教えていただいて足を踏み入れる。しばらくは雑木林や竹林のなかの登山道を登るが、やがて前方に明るい光が差し込むのが見えると、そこからは舗装路だ。周囲には畑や原っぱが広がる里山風景。ところどころ、路傍に古い石の道標が建っているので、もともと歴史のある道なのだろう。

道は丘陵地帯を通るため、両側の視界は広く、空も大きい。ときどき分岐があるが、その前後には道標があることが多いので見逃さぬように。

県道と合流すると、道はさながら高原道路のような様相だ。周囲には「牧場」の看板を掲げた牛舎や、ブルーベリーやさくらんぼ狩りの看板も目につくようになる。途中、西の方角には、妙義のゴツゴツした稜線が遠望できる。いつも新幹線で高崎駅を通過するとき

達磨寺の裏手から高崎自然歩道に入る。台風の後とあって最初のうちは道も荒れ気味でちょっと不安になったが、やがて陽光が差し込む明るい農道に飛び出した

は、駅周辺の都市部しか目に入らないが、ちょっと郊外に出るとこんな光景が広がっているのかとあらためて驚く。

しばらくすると、「白衣大観音（高崎観音のこと）」の道標とともに東へ延びる林道が現れるので、ここを入って高崎観音を目指す。道は先ほどより細くなるが、周囲は雑木林に囲まれ、ときには切り通しで抜ける場所もあってなかなかにワイルドだ。途中、道と並走するようにイノシシの群れが走り去る。鉢合わせしなくてよかった。

道は何度もカーブしながら高度を下げて、やがて集落に降り立ったのだが、どうも地図と現地の様子が異なる。まじま

途中で道を間違えるという失態を演じたものの、なんとか高崎観音に到着。最近は海外からの参拝客も多いようで、境内からはさまざまな言語が聞こえてきた

じと確認したところ、なんと予定より一本南側の林道を降りてきてしまったらしい。どこかで分岐を見過ごしたのか。しかし、その道をそのまま下れば再び高崎観音方面への道と合流することがわかったので、それを利用してリカバリー。つまり本来なら三角形の一辺だけ歩けばよかったものの、二辺を歩くことになってしまった。カッコ悪い。

ようやく辿りついた高崎観音は、そんな僕をも慈愛にあふれる眼差しで迎えてくれる。足元に座り、高崎駅の乗り継ぎ時に買っておいただるま弁当を開いて遅い昼食だ。観音像の先からは高崎の街並みを見渡せる。

高崎観音まで来て、ようやくお昼用に買っておいただるま弁当を開く。食べ終わったパッケージは、そのまま貯金箱に流用可能というギミックは昔のままだ

さて、この先どうするか。ここからは1時間に1本程度、高崎駅行きのバスもあるが、それに乗ってしまうとさっきの失敗に負けたようで悔しい。駅までは歩いても小一時間といったところ。ここは最後にもうひと歩き。駅を目指して坂を下り始めた。

**DATA**

**⊙モデルプラン**：JR信越本線群馬八幡駅→少林山達磨寺→白衣大観音→JR高崎駅
**⊙歩行距離**：約11.5km
**⊙歩行時間**：約4時間（当初の予定コースを歩いた場合）
**⊙アクセス**：起点の群馬八幡駅へは、新宿駅から湘南新宿ラインで高崎へ。そこから信越本線に乗り継ぎ約2時間10分。終点の高崎駅からは湘南新宿ラインで新宿駅まで約1時間45分
**⊙立ち寄りスポット情報**：達磨寺＝高崎市鼻高町296。✆027-322-8800。白衣大観音＝高崎市石原町2710-1。✆027-322-2269（慈眼院）

# 三富新田と所沢航空記念公園《さんとめしんでんと ところざわこうくうきねんこうえん》

埼玉県

## 江戸の地割りを今に残す農村と
## 航空発祥の地をつなぐ

西武新宿線航空公園駅を出ると、目の前に旅客機が一機停まっている。戦後禁じられていた日本の航空機開発が再開された際に、国家主導で初めて製造されたＹＳ-11だ。現在、成田や羽田に居並ぶ旅客機を見慣れていると、ちょっとかわいらしいサイズのこの機体。国内での運航は２００６（平成18）年を最後に終了してしまったが、それでも今から15年ほど前までは日本の空を飛んでいたのかと思うと、乗りそびれたのが残念だ。

このＹＳ-11の先に広がるのが、駅名にもなっている航空公園。所沢航空記念公園だ。約50ヘクタールという広大な敷地を持つこの公園を散策し、そこからは所沢市と三芳町の境に今も江戸時代そのままの地割が残っているという農村集落、三富新田を目指して歩いてみよう。

航空公園駅の駅前に展示されているYS-11。もともとはエアーニッポンが使用していた機体で、1997年、伊豆大島から羽田へのフライトを最後に退役、この地にやってきた

もともと航空公園のあった場所は、日本で初めて飛行場が造られ、日本で初めて航空機が飛んだ場所でもあった。その後、陸軍が使用して戦後は米軍が接収。やがてそのうちの6割が返還、一部がこの公園に生まれ変わった。

公園の中央に延びる「沈床茶園」と呼ばれる花壇は、当時の滑走路跡地だそうだ。ほかにも航空発祥記念館には、戦前から今日までの歴代航空機が展示されていて、間近で見るそれは想像よりずいぶんと大きく感じる。とくにメインローターがふたつついた輸送ヘリは、こんなに巨大なのかと驚く。

それ以外にも園内には雑木林が多く残

所沢航空発祥記念館内に展示されるバートルV-44ヘリコプター。ヘリコプターには乗る機会自体少ないが、タンデムローター、つまりメインローターが2つあるヘリに乗るのはさらにレアだろう

されていて、地元民や遠足にきた幼稚園児たちの絶好の散策スポットになっているようだ。

航空公園からは三富新田を目指して北東へ歩く。このあたりは古くからの住宅街や街道、そして広大な霊園などが点在し、道の選びかたによってずいぶんと印象が変わりそうだ。多少遠回りになろうとも、なるべくクルマの往来が少ない道を選んで進んでいくと、やがて中富や上富といった地名が目につくようになり、目的地が近いことを知らせてくれる。このふたつに下富という地名を併せて三富と呼ぶのだそうだ。

そもそも三富新田とはいかなる場所か。

極端に細長いスペースが続く三富新田の地割。縦方向には延々と農道が何本も並行して通っているのに、それらと交差する横への道はほとんどないのが特徴的だ。水に恵まれず、稲作は難しいらしい

この一帯は江戸時代に至るまで長らく所有権が争われていて、元禄時代に入ってようやく川越藩の領地であることが決定。それによってそれまでは一面の湿地帯で、屋根に葺く萱や馬の飼料採取程度しか用途のなかったこの土地の本格的な開拓が始まったのだった。

興味深いのがそのときの地割。一軒あたりに割り当てられた土地が、間口約72m、奥行きが約675mと、極端に細長い区画だったのだ。そしてその地割は今日もそのまま引き継がれており、畑に入ると向こうが霞んでしまうような長い農道が縦に延びるいっぽう、横方向へ入る農道はほとんど見あたらない。

三富新田のもうひとつの特徴は、その細長い区画内の構成だ。街道沿いにまず屋敷が建てられ、その周りには屋敷林。裏手に畑。そして一番奥には雑木林を設けた。この構成には理由があって、もともと痩せていてあまり農作向きではなかった土を改良するために、雑木林の落ち葉を毎年堆肥化して畑にすき込み、樹木は薪や炭として使用していたのだという。

またこの地域はもともと水に苦労したようで、一時は多摩川から用水路を引こうとしたもののそれも失敗。風が吹くと巻き起こる土混じりの風を防ぐために、竹や杉を屋敷林として植え、それらの材は防風目的だけでなく、竹は日用品などの細工に、杉は建材に用いていたという。

つまりこの細長い敷地では、当時から自給自足による高度な循環型消費生活が営まれていたわけで、さまざまな資源やゴミ問題に悩む現代から見ると、僕たちは本当に進歩をしてきたのか考え込んでしまう。

農道脇の畑で作業をしている女性に話をうかがうと、やはり今でも江戸時代の地割のままで生活を営んでいる農家が多いそうだが、雑木林の役割は次第に低くなったのか、物流倉庫や資材置き場に転用されているところも増えているという。

旧島田家住宅は三富新田を象徴する建物だ。文化文政時代に建てられたとされ、現在は三芳町指定の文化財として内部も見学できる。お風呂がないのは、やはり水に苦労した土地柄だからか

何百年も続いてきたこの風景。これからも存続してほしいものだと思ういっぽう、当事者にはそれなりの事情もあるだろう。誰もが納得のいく落としどころとはないものかと考えつつ、次第に住宅が増えていく道を東武東上線鶴瀬駅へ向かって歩いていった。

**DATA**

**⊙モデルプラン**：西武新宿線航空公園駅→所沢航空記念公園→三富新田→東武東上線鶴瀬駅
**⊙歩行距離**：約12km
**⊙歩行時間**：約4時間
**⊙アクセス**：起点の航空公園駅へは、高田馬場駅より西武新宿線で約40分。終点の鶴瀬駅からは東武東上線で池袋駅まで約30分
**⊙立ち寄りスポット情報**：所沢航空発祥記念館＝所沢市並木1-13。℡04-2996-2225。9:30～17:00。月(祝日の場合翌日)、年末年始休。一般520円。旧島田家住宅＝三芳町上富1279-3。℡049-258-0220。9:00～16:00。月、国民の祝日、年末年始休。無料

# 旅は ハンズフリー

徒歩旅行のときは、極力両手がフリーになるスタイルにしている。つまりリュックサック。僕は容量30ℓくらいのものを愛用しているけれど、これは現地までの移動中はカメラバッグも収納しておきたいからで、普通は20ℓもあれば十分だろう。

カメラバッグをしまっておくのにも理由があって、荷物はできるだけひとつにまとめたいのだ。そのほうが忘れ物の心配も少ない。実際に歩くときはリュックを背負って、カメラバッグは首から前にかけるようにして、やはり両手はフリー。

リュックは外付けのポケットが大きなものが使いやすい。両サイドにポケットがあれば、片方には水筒、もう片方には地図を入れておいて、慣れればリュックを背負ったまま出し入れできる。もうひとつ、フロントパネル、つまり背負うのと反対側に伸縮性のある大きなポケットがあると、行動中に脱いだウエアをすぐに放り込めて便利。雨ぶたについているポケットには、傘やウインドブレイカーなど、すぐに出せるものを収納しておく。

リュックサックにはタウンユースを前提にしたものと、登山で用いるアウトドア仕様のものがあるが、防水性や堅牢性ではやはりアウトドア用のもののほうが信頼できる。タウンユースのものよりやや値段が張るのが難だが、使い倒すことを考えれば十分に元は取れるだろう。

# 第6章

# 水辺に沿って徒歩旅行

海辺に川、沼に水路、水辺には道が寄りそっている。水面を眺めながら徒歩旅行で辿ってみよう。

東海道本線の車窓から見えた、荒涼とした浜辺を目指して駅を下りる。一見すぐ近そうだった海へと至る道は、想像以上に難儀をさせられた。大磯界隈にて

# 大貫と東京湾観音

おおぬきととうきょうわんかんのん

千葉県

## 海辺の道を探し求めて、崖の上の細道を辿る

僕が通っていた小学校では、5年生になると千葉県の大貫に臨海学校へ行くことになっていた。当然海で泳いだりもしたのだが、それ以上に印象的だったのが、大貫から東京湾観音まで浜辺を歩きながらのハイキングだった。あのあたりは切り立った崖が海岸線まで迫っていて、その足元に延びる砂浜をずっと辿って東京湾観音を目指したのだ。そんな地形なので、海水浴場もなく人もいないその場所は、打ち上げられたさまざまな漂流物がそのままに放置されていた。なかにはすでに白骨化したウミガメやイルカの死骸があったりして、男子小学生の好奇心を鷲づかみにした。あの崖下の砂浜はどうなっているのだろう。今も色褪せない当時の思い出を頼りに、約半世紀ぶりに辿ってみることにする。

ＪＲ内房線の大貫駅を降りて漁港を目指す。記憶ではその漁港の向こう側に砂浜が続い

昔、たしかに歩いて越えられたはずの岬だったが、今回向かってみると、その様相はまるで変わっていた。あえて干潮時間を狙ったので、潮回りの問題でもなさそうだった

ていたはずだ。懐かしい思いにかられながら漁港を越えてみると。そこにはたしかに砂浜があった。あったのだが、なんと続いていない。すぐ先の岬部分で途切れてしまい、そこから先は岩場となって、さらに波をかぶっている。あんな場所、通ったっけ？　いや小学生に、臨海学校であんな場所を歩かせるはずがない。場所そのものを勘違いしているのか？　混乱しつつも漁港で作業をしていた地元の漁師に尋ねてみる。

「ああ、昔は歩けたよね。歩くどころかクルマでも走れたくらいだから」

　それがなぜ。

「砂がなくなっちゃってね、山も崩れた

りして」

　このおじさん以外にも、出会った何人かの地元の人に尋ねてみたが、みな答えは同じだった。たかだか数十年で自然の地形が、かくも激変してしまうのか。聞いた話のなかで一番説得力があったのは、東京湾アクアラインが影響しているのではというものだった。

「あれができてからだよね。東京湾の潮流が変わっちゃったんだよ。それまであのあたりは、いろんなものが打ち寄せられる場所だったけど、なんにもなくなっちまったよ」

　巨大建造物によって海はもちろん、周囲の地形まで影響を受けるとは……。もはや懐かしの浜辺の道どころではない。思い出はフタをしたまま開けないほうがよかったかなと、ちょっと感傷的な気分になっているところに、おじさんが耳よりな話を聞かせてくれた。

「海辺は無理だけど、山を越えてなら東京湾観音まで行けるよ」

　なぬ！　それはそれで楽しそうではないか。急遽計画変更、山越えのルートを入る。入口に掲げられた「この先行き止まり」という看板がちょっと気になるが、教えられた通り、漁港近くから派生する登り道に入ってまず現れたのはトンネルだ。そのトンネルを越えるとすぐに道は反時計回りに急カーブを描き、そしてループ状に先ほどのトンネル上部を渡る。なるほど、こういう構造だったのか。

導かれるままに入りこんだ岬越えの道は、道型はしっかりしているが、部分的にちょっと荒れ気味。こんなところにはマムシもいるかもしれないなと、棒で草むらを突きながら先へ進む

しかしこれなら「行き止まり」じゃないのではと思ったが、そこまでだった。その先は土道になって道幅も次第に細くなり、倒木も現れ、やがては完全な登山道状態に。周囲はスダジイを始めとする広葉樹林に囲まれる。道がそれほど藪に覆われていないのは季節が初夏だからか、それとも定期的に草刈りが入っているのだろうか。

拾った枝でクモの巣を払いながら樹林のトンネルを抜けると、やがて前方に青空が広がった。そこへは内陸側からも道が延びていて、そちらへも進めそうだが、ここは道を横断してさらに先へ。

一度、細いけれどもしっかりした踏み

跡が右に分岐していたので、試しにそちらに入ってみると、気持ちのよい草原状の地形に飛び出した。思わず鼻歌でも歌いたくなるが、そのまま歩いていくと、道はぶっつりと途切れ、その先は切り立った断崖の際だった。走りながら来ていたらそのままダイブしてしまいそうな絶壁。明るい時間でよかった。

分岐まで戻ってアップダウンを繰り返し、森と笹原を交互に歩くうちに、やがて樹林越しに東京湾観音の白い姿が現れた。この道は無事に目的地までつながっていたのだった。

東京湾観音は大坪山の山頂に建っている高さ56mの立像で、1959（昭和

昼なお薄暗い樹林帯のなかを抜けると、やがて高原状の高台に飛び出した。その先は断崖で眼前には東京湾、その向こうには三浦半島。あくまでも自然地形なので、柵などはいっさいない

背丈を越える灌木の隙間から、ようやく東京湾観音の後ろ姿が見えてきてホッとひと息。ここからは観音様のお膝元を目指して、ひたすら距離をつめていくだけだ

34)年に完成。フェリーで東京湾に入ってくると、ひときわ目立つランドマークにもなっている。内部には螺旋階段が設けられていて、頭部まで登ることもできる。延々と続く螺旋階段を上って辿り着いた最上部から外を眺めると、東京湾が一望でき、眼下にはこの日自分が歩いてきた地形を丸ごと俯瞰することができた。

**DATA**

**⊙モデルプラン**：JR内房線大貫駅→大貫漁港→ループ状トンネル→東京湾観音→JR内房線佐貫町駅

**⊙歩行距離**：約7km

**⊙歩行時間**：約2時間半

**⊙アクセス**：起点の大貫駅へは東京駅から総武線、内房線を乗り継いで約1時間50分。終点の佐貫町駅からは内房線、総武線を乗り継いで東京駅まで約2時間

**⊙立ち寄りスポット情報**：東京湾観音＝富津市小久保1588。☎0439-65-1222。8:00～17:00。無休。一般500円

# 佐原と伊能忠敬

さわらといのうただたか

## 地図作りの偉大な先達が暮らした水郷の街並みへ

千葉県

千葉県の佐原は江戸時代から舟運で栄え、その繁栄ぶりは当時から「江戸優《えどまさ》り」などと語られたという。現在も歴史景観を多く残し、町を南北に抜ける小野川や東西に走る香取街道沿いには当時を彷彿とさせる建造物が並んでいる。

そして個人的には、この地は伊能忠敬の故郷であるということに思いが深い。伊能忠敬は初めて実測によって日本地図『大日本沿海輿地全図』を製作した人物として知られ、彼の旧家も残っているという。僕たちが旅をするにあたって、まずは広げるであろう地図の元祖を作り上げた人物が育った町なのだ。

ＪＲ佐原駅には大きな暖簾がかかり、そこには白抜きで駅名が。暖簾がある駅というのも珍しいが、やはりこれは古い商家が立ち並ぶ街並みへの敬意なのだろう。そしてその暖

凛とした佇まいを見せる佐原駅。この駅を見た瞬間に、佐原の「やる気」を見せられたような気がした。これから始まる徒歩旅行への期待も高まるというものだ

簾をくぐると、そこにはいきなり伊能忠敬像がどーんと立っていた。手には筆と野帳、傍らには測量器具。眼差しは先を望み、今まさに測量の最中だろう。いきなりテンションを上げてくれる。そこから道を下り、諏訪神社の大きな鳥居をくぐった先にまたもや忠敬さんの像が現れた。佐原の人々の敬愛ぶりがうかがえる。

佐原の歴史景観が残る街並みを目指すには、先ほどの大鳥居を左折するのが近いが、ここではちょっと回り道。諏訪神社への階段を登って高台に出てみる。あそこからなら佐原の街並みが一望できるのではと考えたのだ。実際に行ってみるとまさにその通りで、街はもちろん、そ

の先には利根川が意外に近く、さらには対岸の田園までもが俯瞰できた。神社の先には鉄骨製の展望台も発見。やはりここは佐原のビューポイントのようだ。

高台から道は次第に下りはじめ、古い街並みが続く香取街道に至る。そこには酒蔵や蕎麦屋、荒物屋といった昔ながらの職業が、昔ながらの建物で営業を続けている。どれもが博物館的に保存されているのではなく、店舗として生きているのが素晴らしい。香取街道も微妙なカーブが続いていて、区画整理が行われていない昔ながらの道筋なのだろう。やがて街道が小野川と交差すると、いよいよ佐原の街並みの真骨頂だ。川沿いには街道以上に昔ながらの商家が並び、その店先には「だし」と呼ばれる、荷揚げ場も当時のままに残されている。川にかかる橋の名前は『忠敬橋』。

佐原にこれだけの建物が残った理由のひとつとして、鉄道の開通によって舟運が衰退、町の中心が駅に移ったことなどがあげられるというから、世の中なにがどう転ぶかわからないものだ。今日、佐原の街並みは「重要伝統的建造物群保存地区」にも指定されている。川沿いを歩き始めたら、まず目指すのは『伊能忠敬記念館』。ここには彼の子孫が代々守ってきた地図や測量器具が200点以上展示され、その多くは国宝に指定されている。実際に幕府に献上した『大日本沿海輿地全図』は、その後火災などで焼失、展示されている

駅前で遭遇した、本日一体目の伊能忠敬像。史実を鑑みると、これはおそらく還暦もすぎてからのお姿。頼もしい。結局この日は合計三体の忠敬さんにお会いすることができた

のは制作過程における試作品が多いのだが、それでも十分に貴重だ。

　また、彼が大中小と三サイズで地図を作っていたことも知る。そのうちの「大図」の縮尺は3万6000分の1というから、現在国土地理院が発行する2万5000分の1地形図にこそ及ばないものの、その緻密さが知れる。大図をすべてつなぎ合わせると縦47m、横45mにもなり、これを時の将軍徳川家斉に献上の際には、江戸城の大広間を使用したそうだ。

　記念館からは橋を渡って、対岸にある伊能忠敬が実際に暮らしていたという旧宅へ。こちらでは実際に彼が17歳から50歳まで過ごしており、醸造業を営んでい

香取街道沿いには歴史を感じさせる商店が続く。昔のままの道型なのだろう。歩行者スペースが狭めだが、こんな街並みならそれもありなのかなと納得してしまう

た店舗や土蔵が残っている。そう、彼は50歳まで家業を継いだ後に隠居。江戸に移住して55歳から測量を開始したというのが、僕たち世代にはなんとも頼もしい。74歳で死去するまで地図製作に携わり、弟子たちの手により完成を見たのはその3年後。ちなみに旧宅の庭で、この日三体目となる忠敬像を発見。

旧宅を出て、小野川沿いの風情ある町並みを歩いて駅を目指す。どこからかウナギを焼く香りが漂ってくる。佐原はウナギでも有名だ。しかしこのときの僕は、ウナギよりもすっかり伊能忠敬にあてられてしまい、「さーて、これから僕もなにをやってやろうか」と、多少鼻の穴を

古い商家が立ち並ぶ小野川沿いの風景。奥にかかる橋は通称「じゃあじゃあ橋」。もともとは対岸の用水を送るための大樋だった。現在は30分に一度、橋の中央から滝のように落水させる

ふくらませつつの夢見心地。まあ、彼の場合、実際には非常に几帳面かつ生活の規律にも厳しく、自分はもちろん弟子にも飲酒は禁止、さらには相当な倹約家だったそうで、大きなことを成し遂げるにはそれなりの覚悟も必要ということなのだろう。

**DATA**

**⦿モデルプラン**：JR成田線佐原駅→諏訪神社→香取街道→伊能忠敬記念館→伊能忠敬旧宅→佐原駅
**⦿歩行距離**：約3km
**⦿歩行時間**：約1時間
**⦿アクセス**：起終点の佐原駅へは、東京駅から総武線、成田線を乗り継いで約2時間
**⦿立ち寄りスポット情報**：伊能忠敬記念館＝香取市佐原イ1722-1。📞0478-54-1118。9:00～16:30。月、年末年始休。一般500円。伊能忠敬旧宅＝香取市佐原イ1900-1。📞0478-54-1118。9:00～16:30。年末年始休。無料

# 大磯《おおいそ》

## いつか車窓から眺めた、あの荒涼とした浜辺へ

神奈川県

ＪＲ東海道本線に乗って、大磯を過ぎるあたりからの風景。それまであまり見えなかった海が視界に入るようになるが、いかにも観光地でございますといった風ではなく、荒々しく、人に媚びていない海。あのへんの海辺を歩くことはできないだろうかと、あれこれ調べてみたのだが、いまひとつ要領がつかめなかった。

一番の理由は町並みと海を隔離するかのように立ちはだかる西湘バイパスの存在である。果たして徒歩であれを越えることはできるのだろうか。いくらなんでも横断歩道なんてないだろうし。こんなとき、いつもなら頼りになる国土地理院の地形図を見ても、砂浜沿いにベッタリと横たわる西湘バイパスが描かれているだけで、どこを突破できるかよくわからない。ええい、ならば直接行っちまえ。いけばわかるさとどこかで聞いたことのあるフ

二宮駅から「とにかく海へ！」とばかりに細い道を南へ下っていくと、やがて眼前に大海原が広がった。けれども今自分が立つ場所との高度差に、やや不安を感じつつ歩み寄ってみると……

レーズを口ずさみ、東海道本線に乗ったのだった。

降り立ったのは二宮駅。大磯の次の駅だ。あわよくばここから海に出て、そのまま大磯を目指す作戦だ。海側の南口を出てまっすぐ南下する。国道1号線を渡って細い道をさらに南へ。やがて向こう側に海が見えてきたので、「おっ、これは『案ずるより産むが易し』状態か」と思ったのだが甘かった。行き先には案の定、西湘バイパスが立ちはだかり、手前には金網が。その金網沿いには踏み跡があって、そこを通れそうな気もするのだが、なんだかとてもグレーゾーンな匂いがする。まだ歩き始めたばかり。ここは堂々と歩ける正しい道を見つけることにしよう。

一度、海から離れるように来た道を戻り、住宅街を大磯方面へ延びる道を歩きながら、可能性がありそうな道を探るのだが、今度は「西湘バイパス災害対策工事のため、令和2年3月末ごろまで通行できません」という看板が立ちふさがる。この看板がけっこうしつこくて、櫛の歯を一本一本辿るように海への道を目指しても、ことごとく遮られてしまい、ようやく解放されて海への道が拓けたのはもう大磯ゴルフコースの敷地も近いというところだった。

しかし、これでようやく海へ到達。着いた場所は予想通り、観光地感ゼロのワイルドな海辺だった。というかややワイルドすぎる感もあった。海からは絶えず波が押し寄せてきてそれはよろしいのだが、背後には巨大な蛇籠、左右には波消しブロックがこれでもかと設置されていて、景観的にはやや残念だ。そういえばここに来るまで、街のあちこちに「ここは標高20m」とか「津波避難は高台へ」なんていう表示が何度も何度も掲げられていた。台風来襲時、このあたりでは西湘バイパスはまっ先に通行止めになり、高波をもろに被っている映像をニュースでもよく見る。ここはそういう場所なのだ。

そしてもうひとつワイルドなことが。この浜は小さな丸石がぎっしりとつまった、いわ

何度も行ったり来たりを繰り返しつつ、西湘バイパスをアンダーパスでくぐり抜け、ようやく相模湾に飛びだした。同じ相模湾でも鎌倉や茅ヶ崎とはまったく違う、静かな海がそこにあった

ゆるゴロタ浜といわれる海辺で、これがめっぽう歩きにくいのである。15分ほど歩いただけですでに足の裏が悲鳴を上げ、早々に浜から引き上げる。

浜沿いの舗装路を見つけて大磯方面に歩いていくと、やがて目の前に見覚えのある風景が現れた。大磯ロングビーチである。そう、芸能人水泳大会などの舞台になって、水着姿のアイドルがキャーキャー騒いでいたあそこだ。すでにシーズンオフとあって閑散としている。しかし、ついぞこういうところに来る機会なかったな、わが青春。

やがて西湘二宮ＩＣから延びる道が現れたので、それを伝って国道1号線へ出

海辺から一度内陸に入り、東海道をしばらく歩く。大磯町内の東海道に植えられた松並木は、徳川家康が東海道に宿駅の制度を設けたときに整備されたものだという

る。国道1号線。いわずと知れた旧東海道。江戸の時代からさまざまな文学や浮世絵にも描かれた歴史の道だが、今日、徒歩旅行を楽しむにはちょっと風情がなあと思っていたら、いきなり雰囲気のある松並木が現れた。おお、いいじゃないですか。こういう感じですよ、欲しいのは。さらにその近くには道標があって、そこには「こゆるぎの浜」との指示がある。古くは「小淘綾ノ浜」と書いた歴史ある浜。その名は万葉集にも詠まれているらしい。海辺歩き再開である。

1号線から細い路地を抜け、西湘バイパスをトンネルで潜るとこゆるぎの浜が現れた。こちらもゴロタ浜ではあるもの

東海道から指導標に導かれるまま、「こゆるぎの浜」に辿り着く。
万葉の時代からの歴史をもつこの界隈は、明治以降、文豪や政財界
人のお気に入りの場所となり、大磯には多くの別荘が建てられた

の、波消しブロックや蛇籠もなく、昔ながらの浜辺を今に残している。このまま浜を辿っていけば、日本の海水浴場発祥の地とされる照ヶ崎海岸はすぐだ。そこまで行けばゴールのＪＲ大磯駅も近い。シューズを脱ぎ、足場のよい波打ち際を裸足でゴールへ向かうことにしよう。

**DATA**

**⦿モデルプラン**：JR東海道本線二宮駅→大磯ゴルフコース→大磯ロングビーチ→こゆるぎの浜→JR東海道本線大磯駅
**⦿歩行距離**：約7km
**⦿歩行時間**：約2時間半
**⦿アクセス**：起点の二宮駅へは、東京駅から東海道本線で約1時間15分。終点の大磯駅からは東海道本線で東京駅まで約1時間10分
**⦿立ち寄りスポット情報**：東海道松並木＝国道1号線沿い、大磯中学校前。こゆるぎの浜＝大磯町大磯。☎0463-61-3300（大磯町観光協会）

# 長瀞と平賀源内

## 荒川の名勝を訪ね、江戸の発明家の足跡を追う

・ながとろとひらがげんない

埼玉県

長瀞といえば、海なし県の埼玉にとっては貴重な水辺の観光地。県民なら一度は荒川ライン下りに乗ったり、名物コンニャクをほおばったりしたことがあるのではないか。僕も子どものころのそんな思い出はあるが、それ以上に、大人になってここをカヤックで漕ぎ、瀬で沈して（転覆）流されて、死ぬかと思った記憶のほうがはるかに強烈に残っている。

　そんな長瀞をあらためて歩いてみる。秩父鉄道の長瀞駅で下車したら、踏切を渡って5分ほど南下。まずは町名にもなっている長瀞へ。ここは上流域から流れてきた荒川が赤壁と

荒川沿いの景勝地・長瀞の岩畳。岩に座って川面に目を遣れば、川下りの観光船やカヤックが次々と通り過ぎていく。ちなみにこの岩畳は、巨大な一枚岩で形成されているらしい

呼ばれる急峻な崖と、隆起した結晶片岩によって挟まれた峡谷だ。とくに結晶片岩のほうは岩畳と呼ばれ、その広さは畳2万枚ぶんともいわれている。延々と広がるその景観は見事のひとこと。ところどころできた適度な段差は天然のベンチのようで、みんなそこに座って川面を眺めている。明治の初めに来日したナウマン博士（ナウマンゾウを命名した人ね）は長瀞の地質的価値を高く評価、現在では「日本地質学発祥の地」とも呼ばれている。

さて長瀞を堪能したら再び駅方面へ。踏切を渡ると目の前にいきなり大鳥居が現れる。ここからが宝登山の参道だ。20分ほど歩いた山麓から出ているロープウェイで頂上直下を目指す。宝登山ロープウェイのゴンドラは丸っこいフォルムで、いかにも昭和の乗り物をイメージさせる。僕が乗ったのは「もんきー号」。もう1基は「ばんび号」という名前だそうで、これまた昭和チックでよろしい。標高差236mを約5分で

宝登山ロープウェイで宝登山山頂を目指す。ロープウェイの丸っこいデザインがレトロだ。そういえば昭和が描いた未来像は、みんな曲線で構成されていたような気がする

山頂駅へ。

山頂駅からは10分ほどの登りで宝登山山頂だが、その前に宝登山神社奥宮でお参りをしていこう。ここは日本武尊東征にゆかりのある神社で、この山で猛火に迫られた日本武尊を大きなイヌが守ってくれたのだとか。そんなことから、この神社の神使は三峰神社や御嶽神社と同様にオオカミ。秩父多摩にはオオカミに縁のある神社が多い。

宝登山の標高は497mと控えめだが、眼下に秩父盆地が広がり、その先に奥秩父の山々がよく見渡せる。とくに奥に広がる両神山の山容が印象深い。

下山は徒歩で。最初こそ登山道だがす

宝登山神社奥宮の眷属（けんぞく）はオオカミ。口から大きく飛び出した牙が迫力だ。宝登山では「お犬様」と呼び、毎月決まった日にお米を炊きあげてお供えするそうだ

ぐに広い砂利道に変わるので不安はない。

山麓駅まで下りてきたら、その先で往路とは道を分ける細い道に入る。往路がいかにも参道だったのに対し、こちらは完全な生活道。周囲には民家や田畑が続く。やがて車道に出たら右折。道なりに進めば再び長瀞の流れに出るが、その手前にあるのが「埼玉県立自然の博物館」。県内唯一の総合自然博物館で、とくに地質に関する展示が豊富だ。

そして、ここから今回の裏テーマ。

平賀源内という人物をご存じだろうか。江戸時代中期に活躍した人物で、地質学者や蘭学者などさまざまな肩書きを持つが、なかでも発明家としてよく知られて

いる。「エレキテル」と呼ばれる静電気発生装置の発明（実際にはオランダ製のそれを修理、らしい）がよく知られているが、僕が気になったのは彼のもうひとつの発明だ。

それは「火《か》浣《かん》布《ぷ》」という燃えない布。燃えない布とはいったい？と思うが、その正体は石綿。昔、理科の実験で使った石綿金網のあれだ。彼は石綿をこの地で見つけ、それを繊維化することに成功したのだった。彼が発見した石綿は地質学的にはクリソタイルと呼ばれ、蛇紋岩という鉱物に含まれている。そしてその蛇紋岩が露頭している場所がこの近くにあるのだ。天然の石綿。これはちょっと見つけたい。

そこでまずは博物館で現物を確認し、そのうえで現地へ向かう。曲がりくねった旧道を伝って荒川の上流部へ。川沿いを歩いて、やがて栗谷瀬橋という大きな橋のたもとにそれはあった。あっさり発見できたのには理由がある。だってそこには「蛇紋岩露頭」と書かれた標柱がしっかり打ち込まれていたんだもん。

そこで「おお、これが！」といいたいところなのだが、どうも今ひとつ確信が持てない。博物館で確認したとはいえ、石の形状はすべて異なるし、周囲にはほかの石も転がっている。あれこれと検分し、ようやくこれだろうというものを独断で同定して、その肌触りを確認。たしかに石に混じっている白い部分は爪で簡単に削ることができた。

蛇紋岩露頭地にて、「これに違いない！」と目星をつけたのがこの岩。筋状に入っているのがクリソタイル、つまり石綿であろうと判断。さて真実はいかに

しかし、この火浣布製の服。仮に実用化されても健康には滅茶苦茶悪かっただろうなというのは、アスベスト（石綿）の有害性を知る僕たちにはいわずもがな。残念。これにて平賀源内ごっこは終了だ。

## DATA

**⊙モデルプラン**：秩父鉄道長瀞駅→岩畳→宝登山→埼玉県立自然の博物館→蛇紋岩露頭→秩父鉄道親鼻駅
**⊙歩行距離**：約10km
**⊙歩行時間**：約3時間半
**⊙アクセス**：起点の長瀞駅へは、池袋駅から東武東上線、秩父鉄道を乗り継いで約2時間。終点の親鼻駅からは、秩父鉄道、東武東上線を乗り継いで池袋駅まで約2時間10分
**⊙立ち寄りスポット情報**：岩畳＝長瀞町長瀞。宝登山ロープウェイ＝長瀞町長瀞1766-1。☎0494-66-0258。9:40～17:00（季節により変更あり）。一般片道490円。埼玉県立自然の博物館＝長瀞町長瀞1417-1。☎0494-66-0404。9:00～16:30（7、8月は～17:00）。月（祝日、7、8月のぞく）、年末年始休（臨時休館あり）。一般200円。蛇紋岩露頭地＝荒川栗谷瀬橋のたもと

# 手賀沼《てがぬま》

## 田園風景を眺めつつ、広大な沼の傍らを横断する

千葉県

関東地方の地図を開くと、東側には霞ヶ浦や印旛沼といった、平地に水を湛える湖や沼が多いことがわかる。いっぽうの西側には、標高の高いところに位置する山上湖や治水目的で造られたダム湖が多い。後者の湖は山歩きの途上にあったりしてよく目にするのだが、平地にある大きな湖や沼というのは意外と行く機会が少ない。平地にあるということは、人の暮らしとの距離も近いだろう。そんな様子を目にしてみたくなり、千葉県の手賀沼周辺を歩いてみることにした。

スタート地点はJR成田線の湖北駅。駅から湖北台中央公園に沿う道を南下していくと、やがて眼前に広大な田畑が現れてちょっと驚く。しかし、それに臆せず田んぼのなかの道をさらに行くと、ぶつかるのが手賀川だ。

湖北駅から手賀沼を目指して歩いていくと、途中から周囲に広大な田畑が現れた。このあたりも昔は手賀沼の一部で、つまり大規模な干拓事業によって生まれた土地らしい

現在、手賀沼はこの手賀川を介してやや南側に位置する下手賀沼とつながっているが、実はこのあたりは昔みんな手賀沼の一部だったそうで、当時の手賀沼はひらがなの「つ」の字型をしていたのだとか。それが度重なる干拓事業によって次々に耕作地に変えられて、現在の形になったそうだ。たしかにそういわれてみると、手賀沼の周りには「○○新田」という地名がやたらと多い。こういった場所は、もともとは手賀沼の一部だったのだろう。

手賀川に出たら川沿いを西に向かえば、すぐに手賀沼と手賀川を隔てる手賀曙橋だ。ここからは沼の南岸に沿って歩いて

手賀沼にもほど近い農村地帯の一画に建つ、一見なんということもない茅葺き屋根の古民家。実はこれが、現存するものとしては関東地方最古といわれるギリシャ正教の教会なのだった

いくのだが、近くにちょっと気になるスポットがあるので寄ってみる。

道筋は逆になってしまうのだが、片道20分ほどかけて東へ向かう。農家が点在するなかに現れたそれは、一見ただの茅葺きの民家だが、これがなにかというと、実は首都圏に現存するものとしては最古のギリシャ正教の教会なのだ。1873（明治6）年に信仰の自由が保障されてから遅れること9年。1882（明治15）年に旧手賀教会堂と呼ばれるこの礼拝堂は建てられたという。

布教というとつい街中の辻説法みたいなのをイメージしてしまうが、こういった農村部でもしっかりその活動は行われ

親水公園としてすっかり整備されている手賀沼の畔だが、ときおりこんな懐かしい光景に出会うことができる。水辺にはさまざまな野鳥が飛来していた

ていたのだな。ちなみにこの日は平日だったため外観を眺めるのみだったが、週末には内部も見学できるとのこと。

さて再び手賀沼の畔へ。先ほどの手賀曙橋から手賀沼横断の開始だ。サイクリストやランナー、そしてもちろん歩行者のための専用道路が整備されていて、快適に歩くことができる。季節は晩秋とあって湖岸のヨシも適度に立ち枯れ、その周囲をさまざまな野鳥が舞っているのが見える。お馴染みのサギやハクチョウ、カワウにカワセミ。そして僕が判別できないさまざまな水鳥たち。あの鳥たちの名前を全部いえたら、さぞかし気持ちいいだろうな。

さてさて。鳥を見たら次は魚といきたいところである。手賀沼はもともと淡水魚の豊富な沼で、周囲には今もウナギをはじめ川魚料理の店が点在する。元釣り少年にとって、手賀沼はちょっとした憧れでもあった。釣り人はいるかな。どんな魚を釣っているかなと期待しながら歩いていたのだが、残念ながらこの日は木枯らし一号が吹くかもと予報が出ていたほど風の強い日。さすがに釣り糸を垂らしている人は皆無だった。実は僕もリュックに釣り竿を忍ばせていたのだが、結局出番はなし。

手賀沼の半ばまで歩いたところで手賀大橋を渡って対岸へ。今度は畔からちょっと入った「ハケの道」を歩いてみる。これは我孫子高校からさらに一本北上したところにある道で、ハケというのは台地の末端にあたる崖を指す地形のこと。その名の通り、クルマ一台ぶんがやっとという道がウネウネと崖下沿いに続いていて、ところどころ崖からにじみ出てくる湧水も確認できる。

この界隈は大正時代を中心に志賀直哉や武者小路実篤ら、白樺派の文人が居を構えていたことでも知られ、今でも旧居跡が一部残されている。解説板によると、当時彼らは２㎞ほど離れていたお互いの家に通うために、小舟を操って手賀沼を移動していたというから、これはなんだか楽しそうな話ではないか。

手賀沼と台地の狭間をつなぐ、「ハケの道」に足を踏み入れた。台地の末端に沿って曲がりくねりながら続く細道は、歩いて旅をするにはまさにうってつけの場所だった

周囲にはまだ里山風景が残されており、それが夕陽を反射して黄金色に輝く手賀沼とも相まってなんとも美しい。そんな風景のなかをひとり歩き、やがて車道に出たところで北上すれば、ゴールのＪＲ北柏駅へはあと少しだ。

## DATA

**⦿モデルプラン**：JR成田線湖北駅→手賀曙橋→旧手賀教会堂→手賀沼湖畔→手賀大橋→ハケの道→JR常磐線北柏駅

**⦿歩行距離**：約15.5km

**⦿歩行時間**：約5時間

**⦿アクセス**：起点の湖北駅へは、東京駅から常磐線、成田線を乗り継いで約1時間。終点の北柏駅からはJR常磐線で上野駅まで約50分

**⦿立ち寄りスポット情報**：旧手賀教会堂＝柏市手賀666-2。✆04-7191-7414（柏市文化課文化財担当）。土日9:00～15:00のみ公開。志賀直哉邸跡＝我孫子市緑2-7。年末年始をのぞく土日の10:00～14:00のみ公開（雨天中止）

# 見沼通船堀《みぬまつうせんぼり》

## 干拓によってできた農地と、そこに作られた最先端運河の痕跡

埼玉県

埼玉県のさいたま市と川口市の境目、ＪＲ武蔵野線の東浦和駅から東川口駅の間あたりには、今も広大な農地が広がっていてちょっと驚かされる。浦和にしろ川口にしろ、現在では都心至近のベッドタウンとして人気の街のはずなのに、ここにこんな場所が残っていようとは……。

この場所こそが、誰しも名前くらいは耳にしたことがあるかもしれない「見沼田んぼ」だ。その広さはおよそ１２６０ヘクタール。近年、実際には田んぼ自体は激減してしまっているが、周囲には国の史跡にも指定されている見沼通船堀や、さまざまな野鳥が飛来する池など、見どころも点在している。この見沼田んぼ界隈をのんびり歩いてみよう。

スタートするのは東浦和駅。ここから５分ほど歩いて見沼代用水西縁を渡れば、いきな

見沼通船堀に至る竹林には木道が整備されていた。竹は通船堀脇の斜面に植えられていたので、もしかしたら、竹が根を張ることで水路の維持に一役かっているのかもしれない

り見沼通船堀の遺構が現れる。これは江戸時代に築かれた閘門《こうもん》式の運河で、江戸に年貢米などの物資を運ぶ芝川と、その東西に並走している二本の用水路間に船を通すために造られた。

といっても芝川と用水路には3mほどの水位差があったそうで、ただ単に運河を掘っただけでは往来は無理。そこで閘門式、つまり途中にいくつかの関を設け、それによって水位を上下させながら船を移動させたのだという。

この方式は太平洋とカリブ海を結ぶパナマ運河でも用いられていて、しかもこちらのほうが180年も前に完成させていたのだそうだ。もちろんその規模はま

再建された見沼通船堀。通船堀の機能もさることながら、現在のように陸路の大量輸送が普及するまで、日本の物流は水運に頼っていたのだなあと、あらためて納得する

るで違うのではあるけれど。

実際に使用されていたのは昭和の初めまでとのことだが、近年になって復元整備が行われている。通常は水がちょろちょろと流れる小さな小川といった趣だが、年に一度は実際にこの通船堀を用いて船を通す実演も行われているので、そのときには歴史を感じさせる姿を見せてくれるのだろう。

ちなみに近くの街道沿いには、通船堀の差配役を任じられた鈴木家の住宅も当時のまま現存しており、内部は非公開だがこちらもなかなかの風格だ。

通船堀沿いを東に向かうとやがて芝川と合流。ここを船が出入りしていたわけだ。さらに対岸に渡ると今度は見沼代用水東縁へ向かって通船堀は続く。東縁との合流地点には「木曽呂の富士塚」と呼ばれる、直径20m、高さ5mほどの富士塚が現れる。これも国の有形民俗文化財に指定されており、螺旋状の道を登って頂上を目指すこともできる。実際に登ってみたところ、予想以上にヤブカが多くて難儀したので、夏は虫よけを用意したほうがいいだろう。

さて、そこからは東縁沿いを北上していく。沿道には大きな農園から、趣味の家庭菜園のような小さな畑までいくつもあり、人々が畑仕事に精を出している。やがて武蔵野線のガードをくぐってしばらく行くと、左手に小径が分かれていたので突入。その先には大きな池が広がっていた。いや、池というとなんだか井の頭公園の池のように整備されたものをイメージしてしまうが、この池は周囲をヨシ原に囲まれた野生状態。水鳥が気持ちよさそうに羽を休めている。これは芝川第一調整池と呼ばれる池で、芝川の治水目的で造られているらしい。現在も整備は続いているようで、遠くには重機が動いているのが見えた。

そもそもこの見沼田んぼ、昔は延々と湿地帯が広がっていたそうだ。徳川家康の命によって、江戸湾に流れていた利根川を銚子方面へと流域を変えたところ、逆に水不足に陥る土地が発生。それを解消するために、この地に見沼溜井と呼ばれる溜め池を造成したのだが、やがてその溜め池も土砂の堆積などで貯水力が次第に低下。そこで今度は干拓することで広大な農地を現出させたという歴史を持っている。そして現代。そこに新たに調整池を造るとは。こういうのを歴史は繰り返す、っていうんだったっけ？

調整池のほとりをぐるりと半周ほど歩き、そこから北へ向かったところにあるのが「浦和くらしの博物館民家園」。ここは、それほど規模は大きくはないが、かつての浦和に建てられていた古い民家などを移築しており、落ち着いた佇まいを見せている。

周囲には小動物園を併設している大崎

芝川第一調整池と呼ばれる広大な池と湿地帯。本来の目的が芝川の氾濫を防ぐための治水だとすると、これからもこの野性味あふれる景観を維持し続けるのだろうか

ゴールは「浦和くらしの博物館民家園」。浦和は中山道の宿場町でもあったせいか古い住居が残っており、それらがここに移築されてきた。写真は江戸後期の建築とされる旧武笠家の長屋門

公園や園芸植物園、見沼ヘルシーランドと呼ばれる入浴施設もあって、そこでは飲食も可能。旅を切り上げるのはこのあたりがうってつけだろう。ここからはJR浦和駅、東浦和駅、東川口駅へもバスでアクセスできる。

## DATA

**⊙モデルプラン**：JR武蔵野線東浦和駅→見沼通船堀→鈴木家住宅→木曽呂富士塚→浦和くらしの博物館民家園→JR高崎線浦和駅

**⊙歩行距離**：約4.5km

**⊙歩行時間**：約1時間半

**⊙アクセス**：起点の東浦和駅へは上野駅から京浜東北線、武蔵野線を乗り継いで約40分。終点の浦和駅へは念仏橋バス停からバスで約20分。そこからJR高崎線または宇都宮線で上野駅まで約20分

**⊙立ち寄りスポット情報**：見沼通船堀＝さいたま市緑区大字大間木123。☎048-829-1723(さいたま市文化財保護課)。浦和くらしの博物館民家園＝さいたま市緑区下山口新田1179-1。☎048-878-5025。9:00～16:30。月(祝日の場合翌日)、年末年始休。無料

# 季節と日没時間

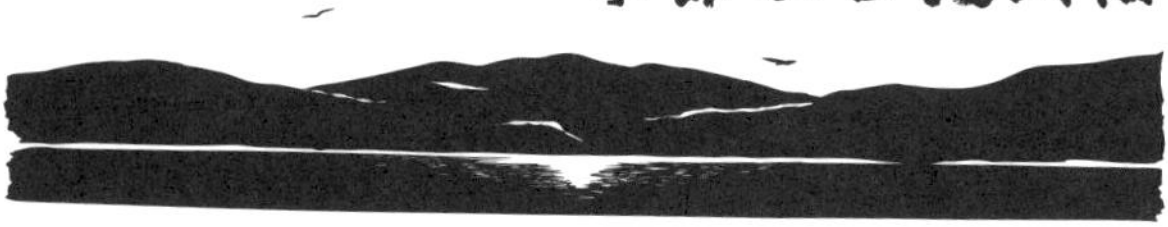

朝寝をした日でものんびりと楽しめるのが半日徒歩旅行。しかしひとつだけ気をつけたいことがある。それは季節によって変わる日没の時間だ。初夏のころなら夕方6時半をすぎてもまだまだ空には明るさが残っているが、これが初冬ともなれば4時半には薄暗くなってしまう。その差は約2時間。半日徒歩旅行ではこの2時間がけっこう大きいのだ。

実際、本書の取材でも一度ハラハラすることがあった。いつもあまり乗り慣れない路線に乗り継いだときに、うっかり逆方向に乗ってしまったのだ。なんだか様子がおかしいと気づいたときにはすでに30分ほど経過。あわてて下車して逆方面行きに乗り直したものの、その路線は1時間に一本ほどしか電車がなく、ようやくスタート駅に着いたときには予定より2時間遅れの午後2時半。日暮れまで2時間だ。このときは歩行時間自体が2時間半ほど、しかも街歩きだったのでなんとかなったものの、いやあわてた。

また、歩き始めてからなにかアクシデントがあって、スケジュールが遅れることがあるかもしれない。そんなことも想定して、場所を問わず僕はリュックにヘッドランプを常備している。おおげさかもしれないが、山や田んぼで日が暮れてしまうと、周囲は本当に闇に包まれる。ヘッドランプの重さはせいぜい数十g。徒歩旅行にかぎらず通勤や通学でも常備しておきたいくらいだというのを、あの東日本大震災を経験した人なら納得できるのではないか。

# 第7章 旧道・旧線を辿る徒歩旅行

かつての旅人が辿った峠道、赤く錆びた廃線跡、そして戦車の走行実験コース跡……。そんないにしえの道を追いかけてみよう。

東京の中心をひたすら直線で切り裂くように抜けている「荒玉水道道路」。道沿いの地元では普通の生活道になっているこの道を、起点の多摩川から歩いてみた

# 箱根旧街道と関所

はこねきゅうかいどうとせきしょ

神奈川県

## 石畳の道を歩きつつ、江戸時代の旅人に思いを寄せて

「箱根の山は天下の険」と唄われるように、江戸時代に整備が進んだ東海道では、大井川と並んで箱根越えが一番の難所とされていた。芦ノ湖の湖畔には関所が置かれたこともあって、当時の旅人にとってここが東海道中の核心部でもあったのだろう。今日では舗装された国道が抜け、さらには箱根新道も開通、クルマを利用すれば難なく通過できてしまう。

しかしそのいっぽう、これらの車道につかず離れず並走する旧街道も現存していて、こちらは石畳など当時の面影を強く残している。そんないにしえの道を歩いて旅してみよう。

起点となるのは箱根登山鉄道の箱根湯本駅だ。ここからいきなり歩き始めてもよいのだが、しばらくは車道歩きが続くうえ、歩道スペースも狭かったりする。駅からバスで10分ほど乗ったところにある、須雲川バス停をスタート地点にしたい。

箱根旧街道には昔ながらの石畳の道が残っている。途中で立ち寄る畑宿集落は寄木細工で有名だが、その寄木細工の一番最初のモチーフはこの石畳模様だったそうだ

バスを降りて道なりに進むと、左手に山道が現れる。ここが旧街道の入口だ。須雲川沿いの緩やかな道が続くが、やがて指導標が川の対岸を指している。川岸まで下りると、なんと丸木橋が破損。おそらくは2019年秋の台風被害だろう。もともとここには「増水しているときは通れません」という注意書きもあって、気をつけたいところ。このときは、水量自体はさほどでもなく、飛び石伝いに渡ることができた。

川を渡ると車道が現れ、旧道はその向こうに続く。足元は苔むした石畳となり、雰囲気もグッと高まる。ときどき「これより江戸時代の石畳」という道標もあり、

近年再整備されたところでうかつに感動しないように忠告?してくれている。

そもそもこの道は、当初はただの土道で、雨や雪の後は膝まで浸かる泥道となって、旅人は大変難儀したらしい。しかし、参勤交代にも用いられる道だったことから少しずつ整備が進み、今では石畳といえば箱根旧道の象徴的存在になった。

そうはいってもこの石畳、雨に濡れれば滑るのはもちろん、表面を覆う苔もまたスリップの原因になる。たとえ石畳になったとしても、旅の苦労はあまり変わらなかったのではと思ったところで、はたと気がついた。当時の足まわりは草鞋《わらじ》じゃないか。草鞋は濡れた石や苔にめっぽう強いのだ。なんでおまえがそんなこと知っているのかというと、実際に草鞋で濡れた場所を歩いた経験があるからである。

山歩きのジャンルに「沢登り」というものがある。これは川の源流部を遡行し、ときには滝をよじ登ったりして源頭を目指すもので、ひと昔前までは草鞋を履くのが普通だったのだ。そのとき、草鞋は濡れた石や苔を踏んでもしっかりとグリップを効かせてくれた。あの感覚を思い出すに、草鞋ならこの石畳もずいぶん楽だろう。そのいっぽう、草鞋は耐久性が低く、沢登りでも長いコースの場合には予備を用意していた。当時、東海道を歩いた人も何足もの草鞋を履き潰したことだろう。

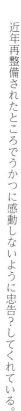

「諸大名休息処」の看板も晴れがましい、甘酒茶屋の店先。旧街道を歩いてくる人はもちろん、自動車でここまでやってきて立ち寄る人も多い。注文するのはもちろん、甘酒と力餅

寄木細工で有名な畑宿集落を抜け、さらには当時も難所だった「七曲がり」と呼ばれる九十九折りの道を越える。途中、いくつかのカーブをショートカットするのに長い階段が続くところがあって、体力的にはここが一番の難所かもしれない。

その先で「猿滑坂」や「追込坂」といった、いかにもいわくありげな坂を越えると現れるのが甘酒茶屋。この茶屋、創業は江戸初期というからまさに箱根越えの生き証人だ。ご挨拶をさせていただいた若旦那はなんと十三代目。『ルパン三世』の石川五ェ門並みである。

実は箱根湯本からここに辿り着くまで、あえて飲まず食わずでやってきた。そう

することで、当時の人の心持ちを少しでも追体験できるのではと思ったのだ。入口脇に座り、注文するのはもちろん看板メニューの力餅と甘酒。力餅は空腹をじんわり満たしてくれ、なによりも驚いたのは甘酒の滋味。疲労を感じているとき、甘酒というのはこんなに美味しく感じるのか。江戸の旅人も、これには助けられたことだろう。

甘酒茶屋で元気をもらえば、芦ノ湖まではもうひと頑張り。登り基調だった道が急激に下り始めると、樹林の隙間から芦ノ湖の輝く湖面が見えてくる。湖に下り立ったら、湖畔を南下。当時のままの杉並木を抜ければ、現れるのが箱根の関

旧街道を無事に芦ノ湖まで歩き終える。湖面には芦ノ湖を周遊する海賊船の姿。そして湖の向こうには、いつも大きな富士山がさらに雄大に頭をのぞかせる

箱根関所は当時の様子を再現されている。関所というと反射的に関所破りということばが浮かんでしまうが、実際ここにはそんな関所破りを捕まえるための、さまざまな捕縛道具も展示されている

所だ。もちろんこれは復元されたものだが、それでも当時の雰囲気は伝わってくる。ここを西国からやってくる参勤交代の大名行列や、お伊勢参りに向かう江戸町人も通っていたのかと思うと、旅の趣もひときわである。

**DATA**

**⊙モデルプラン**：箱根登山鉄道箱根湯本駅→須雲川バス停→箱根旧道→畑宿→甘酒茶屋→芦ノ湖→箱根関所→箱根湯本駅
**⊙歩行距離**：約7.5km
**⊙歩行時間**：約3時間
**⊙アクセス**：起終点の箱根湯本駅へは新宿駅から小田急小田原線、箱根登山鉄道を乗り継いで約2時間。特急を利用すれば約1時間半。そこから須雲川バス停まではバスで約10分。箱根関所から箱根湯本駅まではバスで約40分
**⊙立ち寄りスポット情報**：甘酒茶屋＝箱根町畑宿二子山395-1。☏0460-83-6418。7:00-17:30。無休。箱根関所＝箱根町箱根1。☏0460-83-6635。9:00～17:00（12～2月は～16:30）。無休。一般500円

# 青梅鉄道福生支線跡と草花丘陵《おうめてつどうふっさしせんあととくさばなきゅうりょう》

## 廃線跡を追いながら、対岸に広がる丘を目指す

東京都

日本の近代化から高度経済成長にかけて、各地には「砂利鉄道」と呼ばれるものが走っていた。これはコンクリートの建造物を建てるのに必須である砂利を採掘運搬するために敷設されたもので、河川敷の採掘地から鉄道幹線などに接続させていた。しかし、膨大な量の砂利採掘によって、水質汚染や堤防の破壊など河川環境が悪化、１９６０年代には川砂利の採掘は全面的に禁止。その後、ＪＲ南武線のように貨客路線へ転用されたものもあったが、多くの砂利鉄道は姿を消した。

そんな砂利鉄道の痕跡が都内にも残っている。福生市にあった砂利鉄道の正式名称は青梅鉄道福生支線。多摩川の河川敷で採掘した砂利を青梅線まで運ぶため、１９２７（昭和２）年に敷設。当時、八王子の大正天皇陵墓造営に大量の砂利が必要になったのが、敷設

福生駅から多摩川方面に向かって延びていた支線は、ここで玉川上水を渡っていた。この人道橋ももともとは支線が通っていた鉄橋を転用して造られたという

の理由だそうだ。

福生駅西口を出てしばらく線路沿いを青梅方面に歩くと、やがて道は緩やかなカーブを描いて多摩川方面へ向かっていく。このいかにも線路っぽいカーブが最初のヒントだ。こうして青梅線に合流していたのだろう。その先で細い道、さらに新奥多摩街道と交差するところで一度道は途切れてしまっているが、よく見ると新奥多摩街道の向こうにまっすぐに延びている道を発見。あれがこの続きに違いない。

道すがら、ここが以前線路だったことを示すものはとくに見あたらないが、不自然な区割で残る駐車場や畑との段差は、

多摩川近くまで来たところで緩やかなカーブを描く築堤が現れた。昭和30年代半ばまでここにはレールが敷かれ、砂利を積んだ貨車を機関車が牽引してたのかと思うと、グッとくるものがある

もしかしたらその名残なのかもしれない。

やがて橋で玉川上水を渡るところで、「加美上水橋の歴史」と書かれた説明板を発見。そこには、かつてこの橋が砂利運搬専用鉄道の鉄橋として造られたことが紹介されていた。その先の樹林を抜けたところで、道は一気に線路跡の様相を呈してくる。多摩川の河原へ向かって道は盛り土が施され、いかにも線路が敷かれていたことが想像できる。先ほどの説明板によると、ここを1日2本、4～5輌の貨車を牽いた電気機関車が走っていたのだそうだ。

道はやがて多摩川と並走するように進む。河川敷が市営競技場になっているあたりで砂利を採掘していたというので、線路もそこまでは延びていたのだろう。現在この川沿いの道は、ランナーやサイクリストでおおいに賑わっているが、いったいどれだけの人が、かつてこの場所に鉄道が走っていたことを知っているだろうか。

　さて、ここまで来たらちょいと山歩きも楽しみたい。多摩川を望むと、対岸に緩やかな丘陵地帯が延びているのが見える。あれが草花丘陵だ。正面に見える大《だい》澄《とう》山は標高わずかに２００ｍ足らずで、気楽に登るのにうってつけ。河川敷をそのまま歩き、羽村大橋で多摩川を越える。季節柄、多摩川には鮎釣り師が立ち込ん

大澄山へのプロムナードは静かな竹林のなかを行く。山とはいっても標高194mしかないので、急登は少ない。息を切らせることもなく、静かな里山歩きを楽しめる

でいる。

橋を渡りきったところで車道の分岐が現れ、そこに「大澄山」という指導標があるが、これはスルー。その少し先にいきなり登山道に入れるポイントがあるのだ。道はのんびりとした登り坂で、やがて周囲が竹林に囲まれてしっとりと美しい。

落ち葉を踏みしめながら歩き進むと、右手に小さな山頂部が現れ、そこへ向かってやや荒れた道が延びている。はて、大澄山の山頂はもう少し先のはずだがと思いながらも、探検気分でその道を辿ってみると、現れたのは三角形の謎のコンクリート構造物だった。高さ4mほどで内部は礼拝所のようになっているが、荒れ果てていてもともとなんだったのかはまるでわからない。完全に廃墟物件だ。家に戻ってから調べてみると、これは地元の人が平和祈念のために建てた世界平和観音堂というものらしい。当時はここには観音像が納められていたが、今では山麓のお寺に移されているとのことで、廃墟マニアにはそこそこ知られた存在なのだとか。

廃墟物件を下れば大澄山山頂はすぐそこだ。山頂には地元のご老人が散歩に訪れていて、挨拶を交わす。なんでも数十年ぶりに登ってみたそうで、「昔は木がもっと小さくてね。ここから東京タワーがよく見えたんだよ」とのこと。そして、これから僕が下山して永田

大澄山の一画にあった謎の構造物。なんだろうと思って立ち寄ってみたが、その場では正体がわかるものはなかった。子どもたちの肝試しにでも使われているようで、なかは荒れ放題

橋を渡って福生駅へ向かうというと、「あの橋も昔はまだなくてねー、渡し船を使ったんだ。対岸に屠畜場があって、飼っていたブタをそれに乗せて売りにいったもんだよ」。当時の様子を懐かしそうに語ってくれたのだった。

**DATA**

**⊙モデルプラン**：JR青梅線福生駅→福生支線跡→玉川上水→草花丘陵→永田橋→福生駅
**⊙歩行距離**：約6km
**⊙歩行時間**：約2時間
**⊙アクセス**：起終点の福生駅へは、新宿駅からJR中央線、青梅線を乗り継いで約50分
**⊙立ち寄りスポット情報**：福生駅界隈から離れると、途中にコンビニ等はない

# 笹子峠と矢立の杉

ささごとうげとやだてのすぎ

## 歴史の片隅に置き去りになった、ありし日の峠道を越える

山梨県

笹子峠は昔から甲州街道の要衝だった。江戸を発ち、この峠を越えることでようやく甲府盆地へ抜けられたのだ。1938（昭和13）年、峠直下に笹子隧道が開通して自動車の往来が可能になったが、その後、新笹子隧道や中央自動車道が峠の東側に開通したことで多くの自動車はそちらへ。おかげで今日では車道ながら静かな峠越えを楽しめる。

出発点はJR中央本線の甲斐大和駅。あまり聞き慣れない駅名だなと思ったら、以前は初鹿野という駅だったのだ。ここから国道20号、日川を渡り、さらに中央道をくぐって、笹子峠を目指す県道へ。入ってすぐに趣のある家屋が並んでいるが、ここはかつて駒飼宿と呼ばれた宿場。笹子峠を越えてきた旅人で賑わったそうだ。

駒飼宿を抜けて笹子沢川を橋で渡る直前、地形図を見ると川沿いに破線の道（幅1・5

急に心細くなった細道をそれでもなんとかつめていくと、突然、打ち捨てられた五右衛門風呂の残骸が現れた。周囲は過去に伐開、整地されたような様子があり、生活の気配がうかがえた

m未満の意）が延びている。道の入口には柵がかかっていたがこれは獣害防止のもので、とくに立入制限はないようだ。道は思ったより明瞭で、すぐに「駒飼一里塚跡」という史跡表示があったりもして、「このまま峠まで辿れるかも」と楽観的に進んでいくと、やがて眼前に大きな堰堤が現れていきなり道が途切れる。

脇の斜面には踏み跡とも獣道ともとれる道があったので、これを詰めてみると、何段にも連なった段々畑状の土地に飛び出した。昔はここに畑や住居があったのかもと思いつつ周囲を探索すれば、底が抜けた五右衛門風呂の残骸を発見。やはり誰かが暮らしていたようだ。

そこから先の道は不明瞭で、対岸を走る県道とはどんどん高度差が広がってしまう。このまま斜面を尾根までつめてしまおうかとも考えたが、なんだか取り返しのつかないことになりそうだったので、ここは分岐点まで戻っておとなしく県道を上り直す。

前述の通り、舗装されているとはいえ、歴史の片隅へ置き去りになったような道なので、クルマの往来がほとんどなく快適な歩き旅を楽しめる。

途中、県道脇のスペースでバーベキューを楽しんでいる地元のご家族がいたので、先ほどの道について尋ねてみた。すると、あの道は以前、堰堤の先までも行けたのだが、何年か前に発生した土砂崩れで埋まってしまったとのこと。どうやら強行突破しなかったのは正解だったようだ。

道はクネクネとヘアピンカーブを重ねて、少しずつ標高を上げていく。地形図上では、峠まで残り半分ほどのところから再び破線の道が峠直前へと延びている。しかし、先ほどの状況を鑑みると、こっちも期待薄かなと半分あきらめていたのだが、今度はよいほうに裏切られた。入口には「甲州街道峠道」という指導標が立てられ、道も整備されている。道幅もある程度あり、傾斜もそれほどきつい場所はない。往年の峠道を再整備したものだとすれば、これは人だけでなく牛馬も通過するための配慮だろう。何度か沢を渡り、次第

笹子峠を目指す車道の途中から、「甲州街道峠道」という指導標が掲げられた道が分岐していた。この道を辿ってみるとそこそこの道幅があり、傾斜も緩く、いかにも昔の峠道を思わせた

に標高が高くなるなかを快適に歩く。途中には「馬頭観世音菩薩」とか「甘酒茶屋跡」と書かれた史跡表示も立っている。

最後にちょっと急な斜面を登りきると再び県道に飛び出し、そのすぐ先には、笹子峠直下に掘られた笹子隧道が口を広げていた。奥には向こう側出口の光が見えていて、思わず入って行きたくなるが、それをやると昔ながらの笹子峠を越えられなくなってしまう。

あらためて県道の反対側へと延びる旧道を登っていく。ちなみにこの笹子隧道は、入口に洋風の支柱装飾が施されていてカッコイイ。文化庁の登録有形文化財にも指定されているそうだ。

少しの登りで辿り着いた笹子峠は、人影もなく静かなもの。指導標には尾根沿いに目指す山名が記されている。ハイキングの途中で通過はしても、笹子峠越えのためだけにやって来るハイカーは少ないのかもしれない。

笹子峠から反対側に降りたったら、しばらくは県道沿いを下っていき、途中「矢立の杉」の指導標が出たらそこから再び登山道へ入っていこう。これは笹子峠自然遊歩道と呼ばれる道で、途中で現れる矢立の杉は、樹齢1000年を越えるとされる見事なもの。根回りは15m近くにも及び、その姿は、かの葛飾北斎にも描かれている。

左右に洋風建築の柱のような装飾が施された笹子隧道の入口。1938（昭和13）年に完成したこのトンネルは、1958（昭和33）年に新笹子トンネルが開通するまでは山梨と東京を結ぶ動脈だった

笹子駅からも近い「みどりや」で、笹子餅を購入。経木と紙の包装紙に包まれた、昔ながらの笹子名物だ(写真上)。ちょっと寄り道してでも見ていきたい「矢立の杉」。戦国時代の武士が必勝を祈って矢を射ったことから、この名がつけられたという(写真左)

遊歩道はやがて県道に合流し、そこからは県道を歩いてJR笹子駅を目指す。駅に着いたら、まずは名物「笹子餅」をお土産に買って、その先にある笹一酒造でお酒をいくつか試飲しつつ、お気に入りの一本を探して帰るとしようかな。

**DATA**

**⊙モデルプラン**：ＪＲ中央本線甲斐大和駅→駒飼宿→甲州街道峠道入口→笹子峠→矢立の杉→ＪＲ中央本線笹子駅
**⊙歩行距離**：約12.5km
**⊙歩行時間**：約4時間半
**⊙アクセス**：起点の甲斐大和駅へは、新宿駅からJR中央線、中央本線を乗り継いで約2時間。終点の笹子駅から新宿駅へもJR中央線、中央本線を乗り継いで約2時間
**⊙立ち寄りスポット情報**：矢立の杉＝大月市笹子町黒野田1924-1。℡0554-22-2942(大月市観光協会)。みどりや(笹子餅)＝大月市笹子町黒野田1332。℡0554-25-2121。7:00〜19:00(売り切れ次第閉店)。無休。笹一酒造＝大月市笹子町吉久保26。℡0554-25-2008(酒遊館＝ショップ)。9:00〜17:30。無休

# 荒玉水道道路

## まっすぐ延びる道をどこまでも！<br>水道水の道を追いかけて

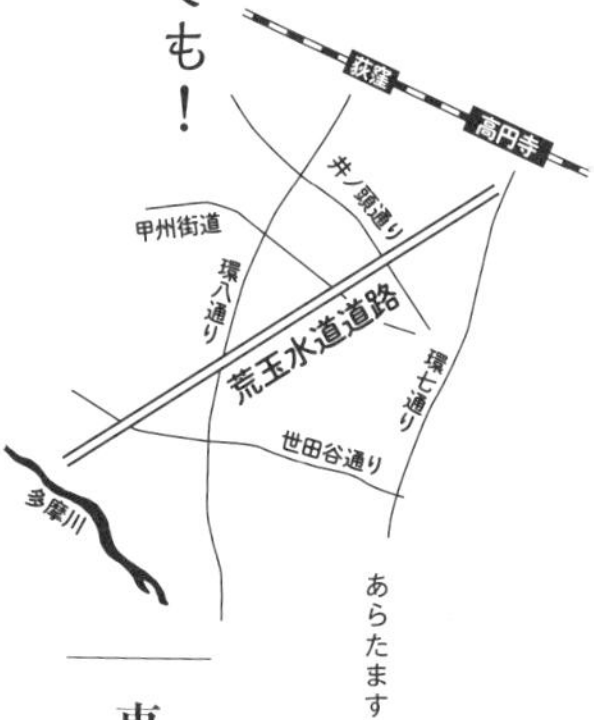


東京都

あらたますいどうどうろ

　昔、小田急線の経堂駅近くで飲んでいて終電をロスト、タクシーで高円寺まで帰ることがあった。経堂からのタクシー帰宅はそれまでにもあったので、道はわかる。というか、たいていは環七に出てそれを北上というルートを取る。

　しかし、そのときのドライバーは違った。「お客さん、水道道路通ってもいいですか？」たまたま環七が渋滞していたのか、それとも彼が「抜け道の鬼」だったのかはわからない。僕も「高速道路はやだけど、水道道路ならいいすよ」とか、しょうもない反応をした気がする。結果、とくに滞ることなく、いつもより早いくらいに高円寺に到着したのだった。

　さて水道道路である。翌朝、二日酔いの頭をおさえながら「水道道路」ってなんだ？と地図を開いたところ。ありましたよ。多摩川の河畔から高円寺に向かって延びる水道道路が。まずひと目見て思ったのは「なんてまっすぐなんだ！」ということ。途中、世田谷通りや環八、小田急線や京王線、井の頭線もあるのに、そんなもの無視するかのようにひたすら直線で延びている。まるで東京区部西側を袈裟斬りにしたかのような切れ味の鋭さだ。これは歩いてみたい。なんでこんな道が存在するのだろう。

ここで悩むのはどちら側を起点にするか。自宅のある高円寺から歩いて多摩川でゴールを迎えるのもなかなかドラマチックだが、今回はあえて逆をとる。裏テーマは『歩いて帰ろう』だ。

まずは起点に一番近そうな小田急線の和泉多摩川駅を目指し、そこから多摩川の堤防に沿って歩く。堤防沿いの遊歩道はイヌ連れの散歩者やランナーなどで賑わっている。やがて左手に砧《きぬた》の浄水場が見えてきたので、そこから川を離れる。そう、水道道路の起点は砧浄水場だったのだ。

そもそもこの水道道路は、大正から昭和にかけて激増した東京西部の人口に対応するために、多摩川の水を中野区野方、および板橋区大谷口の配水塔に送水するために地下水道管を敷設。その上を道路化したものだそうだ。本来は埼玉県側の荒川からも導水してつなげる計画だったが、それは実行されなかったという。そしてその荒川と多摩川の頭文字を

荒玉水道道路の起点となるのが、ここ世田谷区の砧浄水場。ここから中野区の野方配水塔を目指して水道道路は延びている。浄水場のすぐ裏手は多摩川だ

とって、この道は現在「荒玉水道道路」と呼ばれている。玉は「多摩」なのね。

工法の都合からか最短距離を結ぶことが至上命題とされ、結果、それがこんな直線道路になったのだった。水道管が埋設されていることから維持にもシビアで、道路沿いには随所に「4t以上の自動車通行禁止」の標識が立てられている。

さて砧浄水場前の交差点から水道道路を眺めてみれば、これはたしかに延々と続く直線道路。一番先が霞んで見えないほどなので、まずはずんずんと歩いていく。周囲は住宅街が立ち並び、その隙間に置き忘れられたように小さな農地が点在する。やがて野川を橋で渡ると、ここ

国分寺崖線を越えたりと多少のアップダウンはあるものの、荒玉水道道路はひたすらまっすぐ延びていく。写真のように多少下り基調のほうが先の先まで見通せて、なんだかうれしい

でいきなり工事による迂回指示が。様子を見るかぎりでは橋のつけ替え程度のようだったが、警備の人に話を聞くとそんな小さな工事ではなく、外郭環状線と東名道のジャンクションを建設中とのこと。水道道路、いきなりピンチではないか。

やがて、道は国分寺崖線を越えるために緩やかに登っていき、その先でいつも混んでいる印象がある世田谷道路を渡る。そこからはまたまっすぐな道が続き、付近には大学や病院もチラホラ。目の前に高架が現れたなと思ったら小田急線だ。そしてその先には環八。環八には信号がないどころか中央分離帯で遮られている。これを強行突破するほど命知らずではないので、ここは一度100mほど環八を北上して歩道橋で迂回。再び水道道路へ。

道はひたすら北上する。やがて京王線桜上水駅前で踏切を渡るが、ここで注意したいのは、そのまま線路を渡った勢いで広い通りを直進すると水道道路を外れてしまうということ。線路を越えてすぐ右手に現れる細い路地を入れれば、京王線沿いに「水道局用地」と書かれた石標があって、そこが水道道路だとわかる。

ここまで来れば、あとは一気呵成だ。甲州街道、首都高を越え、井の頭線を渡り、和田堀公園沿いの緑を抜ければやがて青梅街道、環七と合流して水道道路は終わる。本当はこの先、野方の配水塔ま

京王線桜上水駅で踏切を越えるとき、一瞬水道道路を見失いかけたが、この石標が正しい道を教えてくれた。写真ではちょっと見にくいが「水道局用地」の文字がくっきりと

中野の閑静な住宅街に突如屹立している野方配水塔。高さ33.6m。街中に突然怪獣が現れると、こんな存在感なのだろうか。現在は災害時の応急給水施設として第二の人生を送っている

でつながっているはずなのだが、現状からその道筋はまったくわからない。ちなみに余力があれば、中野駅経由で中野通りを北上し、野方配水塔まで歩くのもお勧めだ。さすがにもう現役で稼動はしていないが、住宅街に突如現れるその圧倒的な存在感は一見の価値がある。

DATA

**⦿モデルプラン**：小田急線和泉多摩川駅→砧浄水場→荒玉水道道路→青梅街道→東京メトロ丸ノ内線東高円寺駅
**⦿歩行距離**：約12.5km
**⦿歩行時間**：約4時間半
**⦿アクセス**：起点の和泉多摩川駅へは、新宿駅から小田急小田原線で約25分。終点の東高円寺駅からは新宿駅へ東京メトロ丸ノ内線で約13分
**⦿立ち寄りスポット情報**：水道道路沿いは住宅街や学校などが続き、途中で越える駅周辺以外、食堂やコンビニ等は見あたらない

# 三鷹の軍用線路跡と東京スタディアム《みたかのぐんようせんろあととうきょうすたでぃあむ》

## 戦争、そして戦後の復興。そんな時代に生きた鉄路の痕跡

東京都

太平洋戦争が終結するまで、三鷹には中島飛行機という航空機製造メーカーの工場があった。当時の中島飛行機といえば、三菱重工などとともに国内有数の航空機メーカーとして知られ、陸軍の一式戦「隼」や四式戦「疾風」といった後年にも語り継がれるような名機を輩出していた。当然、戦争末期には米軍の目標にされ、B-29による熾烈な爆撃にさらされて大きな被害を受けた。

戦後、工場跡地の半分は米軍に接収されて、米兵およびその家族のための住居を建設、のちに返還されて現在は武蔵野中央公園という広大な都立公園になっている。

中島飛行機の工場があったころ、工場で製造されたエンジンなどは専用鉄道で中央線へ、そこから各組み立て工場へ運ばれたのだが、当時の専用鉄道跡が現在も遊歩道として残さ

れており、そこを歩いてみることに。

起点となるのはJR中央線の三鷹駅。地図を見ると、三鷹駅からしばらく線路に沿うように西へ進み、やがて不自然なカーブを描いている遊歩道が現れる。現在、堀合遊歩道と呼ばれるこの道こそが、当時の専用引き込み線の跡地だ。周囲は静かな住宅街に囲まれており、知らなければここに過去鉄道が走っていたとは思いもよらないだろう。

この道はやがて新武蔵境通りに寄り添うようにして北上する。途中、鉄道の遺構はなにも見あたらなかったが、唯一、ぎんなん橋と呼ばれる人道橋で玉川上水を渡るとき、その橋に当時のレールが埋

この遊歩道にかつて鉄道が通っていたことを示す、数少ない証拠のひとつがこれ。ぎんなん橋という人道橋には当時のレールがそのまま埋め込まれていた

親子連れがベンチでのんびり日向ぼっこをしているこの公園だが、
太平洋戦争末期には、ここに半円状に6門の高射砲が配備され、
B-29の爆撃に備えていたという

め込まれる形で遺されていた。

ちなみに中央線から分かれてくるこの引き込み線は、三鷹駅からだけではなく、隣りの武蔵境駅からも延びている。つまり中央線に対して「人」の字のような形で、線路は東西から引き込まれていたのだ。武蔵境駅から延びる線路跡地は、現在は本村公園という異常に細長い公園として整備されている。

境浄水場を左手に望みながら歩いていくと、途中、遊歩道沿いに小さな公園が現れた。説明書きがあったので何気なく読んでみると、なんとそこは戦時中、飛来するB-29を撃墜するために構築された高射砲陣地だったそうだ。ここに6門

中島飛行機跡地にも近い延命寺というお寺の境内には、爆撃された250kg爆弾の破片が展示されていた。こんなものが雨アラレと降り注がれた時代が、今から75年ほど前の東京に実際にあったのだ

の高射砲を半円状に配備し、対空防御に備えていたらしいが、実際には高度1万mという高々度を飛んでくるB-29に対して、当時の日本軍の高射砲ではそこまで弾が届かなかったというから、なんともせつない話だ。

道はそのまま北上を続けるが、五日市街道と交差するところで近くの寺院に立ち寄る。五日市街道を東に入ったところにある延命寺というお寺に、戦時中を彷彿とさせる遺物が残っているらしいのだ。

訪ねてみると、それは本堂のすぐ脇に保管されていた。あったのは戦争中に米軍機から投下された250kg爆弾の破片。いや、破片と書かれているが、実際には見ただけでそれが爆弾であることがわかる形状だ。戦後30年以上たってから工事現場で発掘されたとのことだが、すっかり錆びついた現在でも、なんともいえぬ禍々《まがまが》しさを放っている。

遊歩道へ戻りさらに北上すると、やがて道は武蔵野中央公園、つまり中島飛行機跡地に突き当たって終わる。終わるのだが、実際にはここには続きがある。冒頭で跡地の半分が米軍に接収の後、返還されたと書いたが、残りの半分はどうなったか。実は戦後まもないときに、そこにはプロ野球場が造られたのだった。

1951（昭和26）年、日本のプロ野球は慢性的な球場不足に悩まされており、それを解消するためにここに「東京スタディアム」、通称「武蔵野グリーンパーク」を建設。実際にプロ野球公式戦も開催された。しかし、後楽園球場などにくらべると地理的に不利だったこともあり、利用されたのはわずか1年にすぎなかったという。

そして、そのときに観客を輸送する手段として、先の引き込み線も「武蔵野競技場線」として再利用されたそうだ。残念ながら実際に歩いてみても、当時を思わせるものは見つけられなかった。

現在、球場跡地には都市再生機構によって集合住宅が建てられているが、唯一、現地の

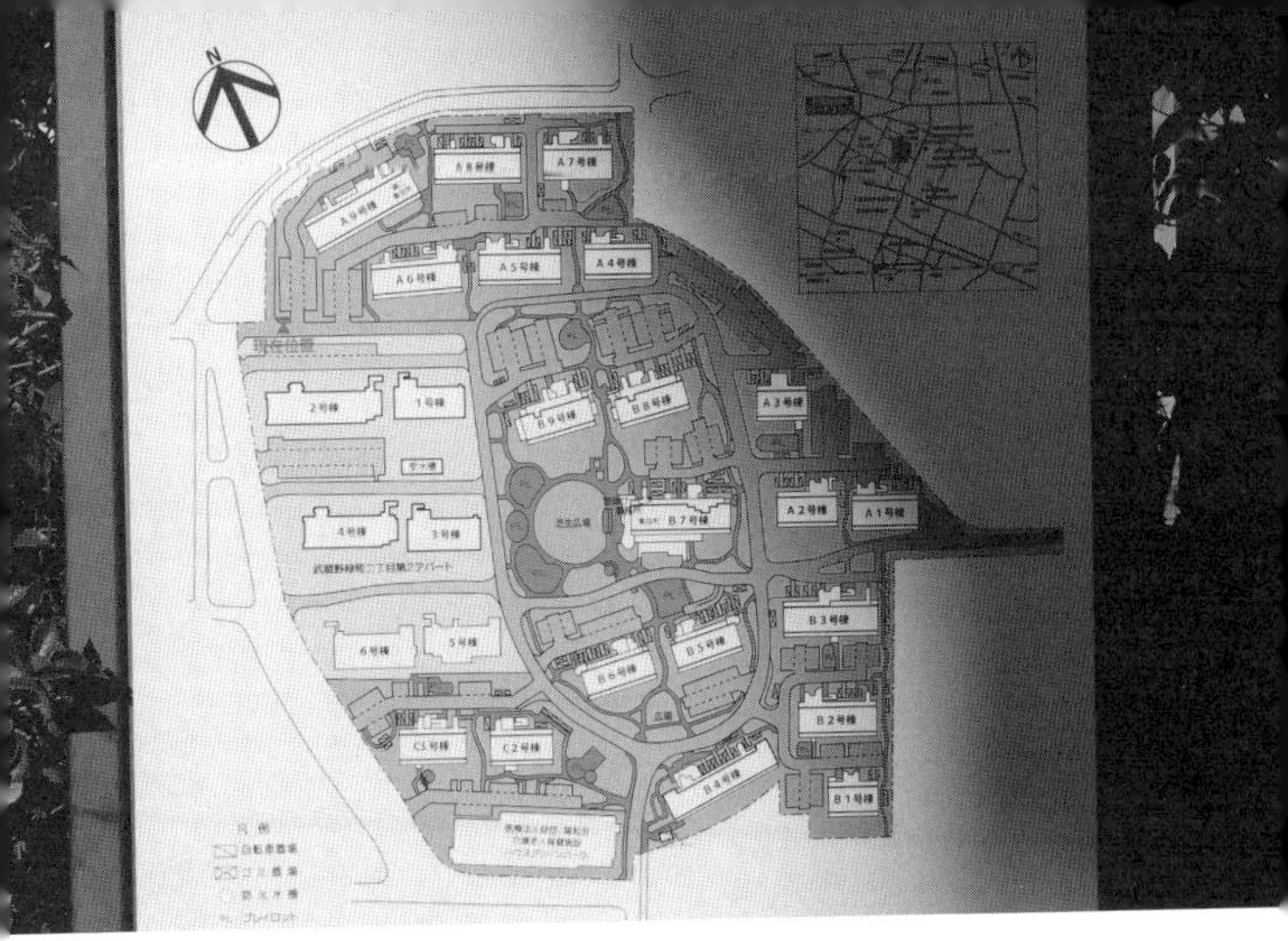


かつて東京スタディアムがあった場所には、今は大きな集合住宅群が建てられている。その案内板を眺めてみると、たしかにここが昔、野球場だったといわれれば納得できる形状だ

案内図を見てみると、その敷地が緩やかな円形で、かつてそこに球場があった名残を感じさせてくれる。

ここまで歩いてきたら、そのまま北上を続け、青梅街道を渡って武蔵関公園を抜ければ、ゴールの西武新宿線武蔵関駅はもうすぐだ。

## DATA

**⦿モデルプラン**：JR中央線三鷹駅→堀合遊歩道→ぎんなん橋→高射砲陣地跡→延命寺→東京スタディアム跡地→西武新宿線武蔵関駅

**⦿歩行距離**：約7km

**⦿歩行時間**：約2時間半

**⦿アクセス**：起点の三鷹駅までは新宿駅から中央線で約18分。終点の武蔵関駅からは高田馬場駅まで約15分

**⦿立ち寄りスポット情報**：延命寺＝武蔵野市八幡町1-1-2。℡0422-51-8377

# 日光杉並木街道

にっこうすぎなみきかいどう

栃木県

## 世界最長の並木道。その核心部を歩いてみよう

日光杉並木街道といえば、いわずと知れた徳川家康の霊廟である日光東照宮へ至る、総延長37㎞にも及ぶ長大な杉並木だ。そのスケールから世界最長の並木道としてギネスブックにも登録されているほか、日本で唯一、特別史跡および特別天然記念物の二重指定を受けている。

今日では周囲の開発、街道を走る自動車の排気ガスなどによって失われてしまった部分もあるが、それでも巨樹が居並ぶその光景は、ある意味荘厳ですらある。今回はそのなかでも最も魅力に満ちている、日光駅を目指す約6㎞を歩いてみよう。

スタート地点は東武日光線の上今市駅。都心からの特急はひとつ手前の下今市駅で停車するので、そこから各駅停車に乗り継ぐことになるが、下今市駅から歩きだしても大した

世界最長の並木道としてギネスブックにも登録されている日光杉並木街道。そのすべてを半日徒歩旅行で歩くのは難しいし、踏破したからといって楽しいともかぎらない。今回はその核心部を歩く

距離ではない。

上今市駅駅舎を出れば、すぐその前が日光杉並木街道だ。ちなみに駅から線路沿いの一画には、重連水車をはじめとするさまざまな水車が保存されているので、興味のある人は立ち寄ってみるのもいいだろう。

さて杉並木街道は、東武日光線の線路と国道に挟まれるように延びている。その環境だけ聞くとあまり恵まれた立地には思えないが、さにあらず。大人がふたりがかりで囲んでも全然足りない幹回り、そして高さ40mにもなろうというスギの巨木が延々と連なるさまは大迫力で、そんな周囲の環境などはちっとも気にならら

杉並木街道脇で営業しているお蕎麦屋さん「報徳庵」。今回のコース上に飲食店はほとんどないので貴重な存在だ。天気のよい日に縁側の席でいただくというのがお勧め

ない。

もちろん、杉並木自体がちょうどよい目隠しになっているということもあるのだろう。

最初の植樹から400年近く経ち、現在でも1万本以上の杉が天に向かってまっすぐに延びている。道の際には石垣が積まれ、その脇を清水が勢いよく流れている。江戸の時代からさほど変わっていないだろう道を、今も普通に歩けることに感動する。

それでもしかし。感動しつつもお腹も減る。すると歩き始めて30分ほどというタイムリーなタイミングで、右手に手打ち蕎麦のお店が現れた。

『報徳庵』というこのお蕎麦屋さん。店が少ない杉並木街道沿いではなんともありがたい存在だ。古民家をそのまま店舗として利用しており、周囲の風景にもマッチしている。平日にも関わらずマイカーで訪れている人も多く、なかなかの人気店のようだ。

立ち寄って注文したのはもちろん蕎麦。しばらくして僕のもとにお蕎麦を運んできてくれたお店の女性が、「新蕎麦ですよ」とひとこと添えてくれるのがうれしい。

さあ、お腹を満たしたところで再び歩き始めよう。報徳庵を出たあたりで、並木の周囲には民家が点在するようになるが、それもつかの間。再び鬱蒼とした杉に囲まれ、それまで固い土道だった足元も石畳へと変わる。ときおり現れる苔むした足元は、なんだかもったいなくて踏み入れるのに躊躇する。

やがて右手に現れたのは「砲弾打込杉」と呼ばれるスギの木だ。これは戊辰戦争のときに（ここは戊辰戦争の戦場にもなったのだ）官軍が打ち込んだ砲弾の跡が今も残っているスギで、幹を見上げればたしかに大きな亀裂ができていた。

やがて上今市駅から４㎞ほど歩いたあたりで、杉並木街道は国道と合流して、それまでの静かな趣は終わりを告げる。そこから先も基本、歩道はあるのだが、何ヶ所か幅が狭い部分があるので、そんな場所ではクルマの往来には気をつけたい。ＪＲ日光線をガードで

現在の日光駅駅舎は1912（大正元）年に落成した二代目。ネオ・ルネサンス様式の木造洋風2階建てだ。現在では競合する東武線が時間でも運賃でも勝るため、なかなかこちらに降り立つ機会は少ない

くぐってしばらく歩けばJR日光駅に到着する。そして、東武日光駅もそのすぐ先だ。

駅周辺まで来るとさすがに観光客の姿が多い。日本人、外国人、そして修学旅行生。自分も小学校の修学旅行で日光を訪れたことを思い出す。といっても憶えているのは枕投げをしたことや、夜にこっそり食べた缶詰のことばかりで、寺社を参拝した記憶がほとんどないのがなんとも情けない。

駅から先、杉並木は姿を消すが、その代わりに現れるのが湯波（日光では湯葉をこう書く。製法にも若干違いがあるらしい）料理や日光彫のお店が続く町並み

日光東照宮の参道入口近く、大谷川にかかる神橋。その特殊な構造から、日本三大奇橋のひとつに数えられている。その歴史は古いが、現在の橋は1904（明治37）年に再建されたもの

だ。思わず買い物に走りたくなってしまうところだが、ここまで歩いてきたのだからまずは東照宮を参拝しておこう。

そしてその帰路で、荷物が増える心配をせずに思う存分寄り道をしようではないか。駅から東照宮までは、歩いても20分ちょっとの距離だ。

**DATA**

⦿**モデルプラン**：東武日光線上今市駅→杉並木街道→報徳庵→砲弾打込杉→東武日光駅
⦿**歩行距離**：約6km
⦿**歩行時間**：約2時間
⦿**アクセス**：起点の上今市駅へは、東武スカイツリーライン浅草駅から下今市駅まで特急を利用すれば約1時間45分。終点の東武日光駅からは、特急利用で浅草駅まで約1時間50分
⦿**立ち寄りスポット情報**：杉並木公園＝日光市瀬川。℡0288-21-5611（日光市観光協会今市支部）。報徳庵＝日光市瀬川383-1。℡0288-21-4973。11:00～16:00(11～3月は～15:00)。年始休

# 西武安比奈線跡《せいぶあひなせんあと》

## 真っ赤に錆びたレールや橋梁。ありし日の姿を想像しつつ線路沿いを辿る

埼玉県

『青梅鉄道福生支線跡と草花丘陵』の項で紹介した砂利運搬専用鉄道は、埼玉県にも存在した。川越の西武安比奈線がそれで、開業は１９２５（大正14）年。西武新宿線の南大塚駅から入間川の河川敷をつないでいたのだが、やがて川砂利の採掘規制などによって休止。１９６３（昭和38）年以降、長らく休線扱い、つまり復活の可能性を匂わせていたものの、２０１７年に正式に廃線が決定。これによって倒壊の恐れがある架線柱などは撤去されたが、線路自体はまだ多くの場所に残置されているというのが福生支線とは大きく異なるところ。今回はこの廃線跡を辿って入間川を目指す。

ただし、ここでひとつ問題がある。廃線跡自体は現在も鉄道会社所有地

田んぼのなかを流れる川の上に、赤黒く錆びた、今はもう鉄道が通過することもない橋梁が横たわる。畦道を歩いて近くまで寄り、その歴史を日の当たりにする

であり、事故防止の観点からか大部分は立入禁止の札が立てられているのだ。なので立入禁止区間を避け、いかに並走する車道や農道でつかず離れずに辿っていくかが、今回の勘どころだ。

スタートとなる南大塚駅は西武新宿線の終点である本川越駅のひとつ手前の駅だ。北口を出ると、ホームと並走するように土地が空いており、そこにはかつて使われていたと思われる枕木が山積みにされている。一部にはまだ赤錆びた線路が残っていて、これが安比奈線跡であることがわかる。

この先、線路沿いに道はないが、連なる住宅の隙間から見える線路跡を追いながら進んでいくと、やがて国道16号との交差点が現れた。かつてはここに踏切があったのだろうが、今は完全にアスファルトに埋められ、歩道部分にわずかにレールが残されている。道路を挟んで線路の両側には巨大な「立入禁止」の看板が掲げられており、この後、これは何度となく登場する。

しばらくは並走する道路もなくなり、付近の住宅街を抜ける車道を右に行ったり左に行ったりしつつ、線路跡を見失わないように北上していく。

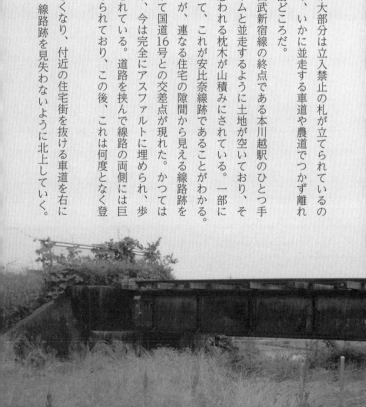

数年前まで、この橋梁とここから森のなかへと続く廃線跡は、遊歩道として開放されていた。それも今は昔。旧道・旧線を巡る徒歩旅行は一期一会、タイミングとの勝負と心得たい

駅を出てすぐに大きくカーブしていた線路が、この先はほぼ真っ直ぐに延びているのがありがたい。

やがて線路は田んぼのなかを抜けるようになり、その手前に川を渡る橋梁を発見。ここはなんとか近くで見てみたいところ。周囲をうろうろすると、うまいことそこへ辿りつける田んぼの畦道があったのでお邪魔する。

真っ赤に錆びた橋梁は今も存在感を誇り、重い砂利を運ぶには、それなりの強度が必要だったことがうかがえる。

橋梁の先には、小高い築堤が一直線に伸びていた。かつては砂利を満載した貨車が、その姿を田んぼに映しながらゴト

南大塚駅からずっと「立ち入り禁止」の看板に立ちふさがれていたが、八瀬大橋の向こうには規制がなかった。土煙を上げるモトクロスコースの脇を線路は延びる

ゴト走っていたのかと思うと、感傷的な気分になる。

このあたりから次第に周囲の人家は少なくなり、おかげで線路を見失いにくくなる。ときに線路は覆い被さった樹林の脇を抜け、ときに民家の横をすりぬける。やがて再び橋梁が現れるが、ここは一時遊歩道として再開発され、歩けるようにもなっていたのだがそれも昔の話。今は再び立入禁止となっている。

実はこの西武安比奈線、2009（平成21）年に多部未華子さんを主人公にしたNHKの朝ドラ『つばさ』のロケ地としても利用されており、そのときには、ここの線路が用いられていた。林のなか

線路の一部は少しずつ樹木に呑み込まれていた。長い歴史で考えると、人間のつくったものはいずれすべて植物や鉱物に吸収されてしまうのかもしれない

を抜ける美しいロケーションだったのだが、残念ながら今は歩くことができず、遠目に緑のトンネルを抜ける線路がのぞけるのみ。

ここからは一度北側の車道を回り込み、正面に見える八瀬大橋の足元をくぐって向こう側へ。大きな橋脚を前に線路跡もここまでかと思いつつ、草むらのなかに踏みいると、突然なにかにつまずいた。なんだと足元を確認してみたら、そこにはレールが。すでに「立入禁止」の看板はなかったが、それでも心配なのでなるべく線路から距離を置いて歩く。

モトクロスバイクのコース脇を抜け、やがて鬱蒼とした藪のなかに線路跡は消えていった。現れた砂利道で脇にまわると、そこには入間川。どうやらこのあたりが終点で、川原から砂利を採掘していたのだろう。道端には、当時のものらしいコンクリート製の構造物も残っていた。

さてこの先はしばらく河原沿いを歩き、入間川をいるまがわ大橋で渡って北へ。目指すは肉のテーマパーク『サイボクハム』！　ここはレストランや肉の直売所、パン工房に狭山茶の店、温泉施設も備え、徒歩旅行の締めを飾るのにぴったりの場所なのだった。

食のテーマパーク「サイボクハム」。各種ショップあり、レストランあり、さらに温泉もありと、まさに徒歩旅行のエンディングにうってつけだ。牧場直営なので鮮度も抜群

**DATA**

**⦿モデルプラン**：西武新宿線南大塚駅→西武安比奈線跡→国道16号→廃橋梁→八瀬大橋→入間川→いるまがわ大橋→サイボクハム→JR川越線笠幡駅
**⦿歩行距離**：約8.5km（サイボクハムまで。笠幡駅まで歩くならプラス2km）
**⦿歩行時間**：約3時間
**⦿アクセス**：起点の南大塚駅へは、高田馬場駅から西武新宿線で約55分。終点の笠幡駅からは、JR川越線、東武東上線を乗り継いで池袋駅まで約55分。サイボクハムからは、本数は少ないものの東武東上線鶴ヶ島駅、JR川越線笠幡駅、西武新宿線狭山市駅へバスもあり
**⦿立ち寄りスポット情報**：サイボクハム＝日高市下大谷沢546。☎042-989-2221。営業時間、定休日は各施設によって異なる

# 町田の戦車道路

まちだのせんしゃどうろ

東京都

## かつて戦車の走行実験が行われていた尾根上の道へ

ＪＲ横浜線から相模原駅界隈を眺めると、今も米軍に接収されたままになっている敷地が鉄条網に囲まれている。正式名称は相模総合補給廠《しょう》。その敷地面積は約２００ヘクタールと広大で、周囲の宅地化が進んでいるだけに、なおさらその存在感はひとかたならぬものがある。思わず、映画『シン・ゴジラ』のなかに出てきた「戦後は続くよどこまでも」なんていう科白が頭に浮かぶ。

そもそもなんでこの場所が米軍に接収されたのかといえば、もともとはここに旧日本陸軍の相模陸軍造兵廠があったことがその理由。当時、相模陸軍造兵廠では戦車の開発を主に行っていたそうだ。そしてその一部には、多摩丘陵を利用した戦車の性能実験をするためのコースがあり、そこが現在では緑道として整備されていると知れば、俄然行ってみたくなるというものである。

降り立ったのはＪＲ横浜線の淵野辺駅。ここから北東へ、桜美林大学方面を目指して歩いていく。道沿いには真新しい住宅やマンションが目立つなか、ときおり歴史を感じさせる米屋や眼鏡屋といった個人商店が今も営業を続けていて、ここが単なる新興住宅街ではないことがわかる。おそらくは相模陸軍造兵廠の時代には、そこを中心に軍都としても栄えていたのだろう。

やがて桜美林大学を越えたところで「尾根緑道入口」というバス停が現れる。これこそが今回の目的地の入口だ。この尾根緑道、もともとは「戦車道路」と呼ばれていた。相模陸軍造兵廠では戦車の開発を行っていたことは前述したが、開発をするからにはその走行実験も行わなければならないわけで、そのための場所に選ばれたのが、この丘陵だったらしい。

実際に歩きだしてみると、大きくうねるカーブあり、小刻みなアップダウンありで、たしかに単なる自動車用道路とはずいぶん趣が異なる。戦車というのは基本オフロード、というか道なき道を前進していくのが宿命だから、こんなコースで試験する必要があったのだろう。

かつて旧日本陸軍の戦車の走行試験コースだった道は、現在では市民憩いの遊歩道となっていた。当時を想起させるものはなかったが、唯一そのコース取りがかつての試験コースを彷彿とさせた

現在の戦車道路は、車道と同じ幅、場所によっては車道より広いスペースで併走する歩道として整備され、道沿いには桜や紅葉の樹が植えられて、季節には美しい風景のなかを散策できるようになっている。

周囲は住宅街や公園、ときには産業残土の受け入れ場などもあって、そんななかを道はパズルのように組まれて続いていく。

ひとつだけ変わらないのは、ずっと丘陵の尾根を歩き続けていくということで、ときおり住宅や木陰の向こうには丹沢の山々がその姿を見せる。

現在、公式には尾根緑道と呼ばれてい

ときおり視界が開ける西側を望んでみれば、手前にはすっかり宅地化された相模原の街が、その向こうには丹沢山塊の山々がいくつも連なっているのが見える

るこのコース。たしかに過去に兵器の実験場だったことから名づけられた「戦車道路」では、市民の憩いの場としてはちょっと物騒すぎるのだろう。

でも、個人的には戦車道路というネーミングを残してほしかったかなとも思う。尾根緑道なんていうどこにでもあるような名前に比べたら圧倒的にインパクトがあるし、過去の負の財産を簡単になかったことにしてしまうのも、いかがなものかという気もする。

それにしても。

多摩丘陵がニュータウンの開発によって大きくその姿を変えてしまう前は、どこものどかな里山風景が広がっていたも

遊歩道を歩いていると、突然近くに野鳥が留まった。一瞬、街中でもよく見かけるシジュウカラかと思ったけれど、レンガ色の背筋とお腹はヤマガラか。でっかい木の実を見つけたものだ

のと勝手に想像していたのだが、実際にはその一部で、軍事機密扱いの試作戦車が開発され、轟音とともに走り回っていたと知ると、なんとも複雑な気持ちになってしまう。

このコースのゴールは京王線の多摩境駅。駅に至る手前には小山内裏公園とも接続していて、こちらの公園は多摩丘陵が本来持っていた雑木林や谷戸地形をうまく利用して造られていて、四季に応じてさまざまな植物や野鳥を観察できるようだ。

また多摩境駅を挟んだ反対側には、縄文時代のものと考えられる田端環状積石遺構、つまりストーンヘンジのような遺

多摩境駅の反対側、一見ただの原っぱのようにも見えるところに田端環状積石遺構、いわゆるストーンヘンジがあった。いったいどんな人が、冬至にここから丹沢の蛭ヶ岳山頂に沈む夕陽を拝んだのか

跡が発掘され、現在は復元のうえ保存されている。

　ここでは冬至の日、丹沢の蛭ヶ岳山頂に沈む夕陽を観測できるそうで、なにか宗教的な施設であったのではと推測されている。好みに応じて寄り道してみるのもいいだろう。

**DATA**

**⊙モデルプラン**：JR横浜線淵野辺駅→尾根緑道入口バス停→尾根緑道→小山内裏公園→京王線多摩境駅
**⊙歩行距離**：約7.5km
**⊙歩行時間**：約2時間半
**⊙アクセス**：起点の淵野辺駅へは新宿から小田急小田原線、横浜線を乗り継いで約55分。終点の多摩境駅からは新宿駅へ京王相模原線で約40分
**⊙立ち寄りスポット情報**：尾根緑道沿いにコンビニ等はない

# あとがき

　前著『東京発 半日徒歩旅行』の続編を書かないかという話をいただいたのは2019年春のことだった。ほかにも歩いて楽しかったところ、新たに歩いてみたいところはまだまだ山ほどあったので、その提案は自分にとっても渡りに船だった。ただし刊行が2020年春と聞くまでは。

　前著同様、紹介するコースは50前後。期間は約1年。つまりほぼ1週間に1コースの割合で歩きまわって、写真を撮って、原稿も書くという算段だ。もちろんほかの仕事とも並立だ。間に合うだろうかという不安はつきまとったが、それでも最終的には「あそこもここも、歩いてみたい」という自分の欲望には勝てず、謹んでお受けさせていただくことになった。

　だがしかし。2019年は、徒歩旅行者にとってなかなかにハードな年だった。いつになっても梅雨は明けず、開けたと思えば今度は酷暑が続き、ようやく旅の空が似つかわしい秋が来たかと思えば度重なる台風。この台風は関東各地にも甚大な被害を及ぼし、その影響は年をまたいで2020年までひきずることとなった。当初予定していたコースのいくつかは、結局これによって紹介がかなわず、台風前に訪ね歩いた場所のいくつかは今も通行に支障が出ている。被害状況を確認するために、再び歩き直したところもあった。

それでも歩き終わればすべてがよき思い出。とにもかくにも前著の51コースに加えて、本書では48コースを紹介させていただいた。都合99コース。100のほうが収まりがいいかなとも思ったけれど、前著のあとがきでも書いたように、最後の1コースは読んでくれた人のオリジナルコースを足していただければと、この数でまとめることにした。もし素敵なコースを見つけたときには、ぜひ僕にも教えてください。歩いてみたいです。

最後になりますが、本書の執筆にあたっては山と溪谷社の担当編集者である稲葉豊さんにお世話になりました。また、今回もデザインとイラストは吉池康二さんに担当していただき、素晴らしいパッケージにまとめていただきました。実は前著を読んでくれた人が皆(とくに女性)、口をそろえて「デザインがいい、デザインがいい」とほめてくれたので、著者としてはややジェラシーを覚えたくらいです。どうもありがとうございました。

2020年2月29日　4年に一度しかやってこない日に

佐藤徹也

# 探訪地マップ

東京発 半日徒歩旅行 調子に乗ってもう一周!

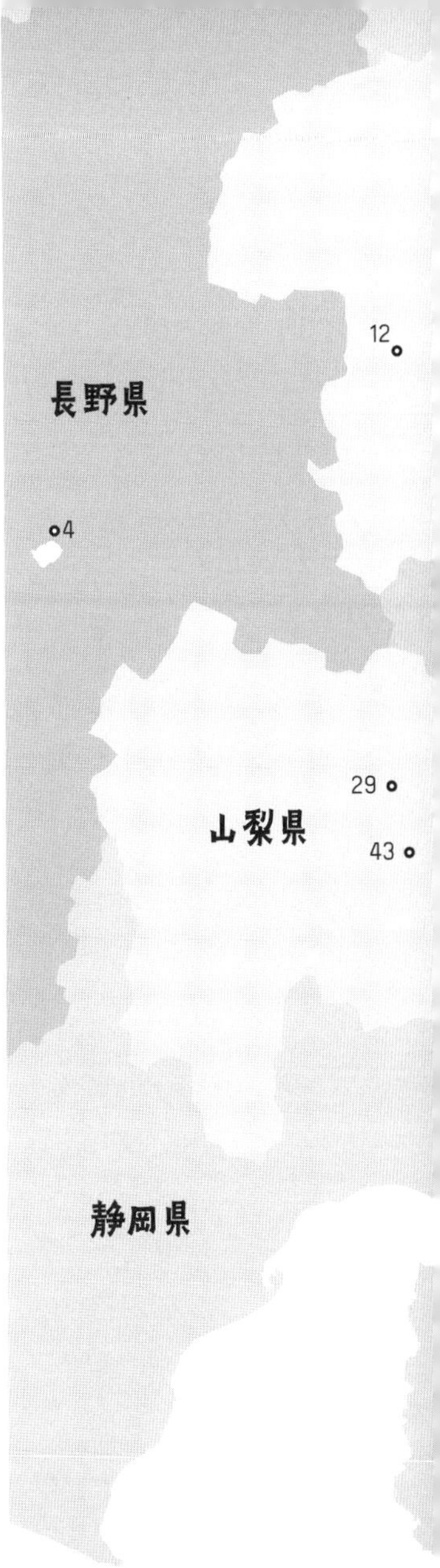
12
長野県
4
29
山梨県
43
静岡県

著者プロフィール

**佐藤徹也（さとう てつや）**

東京都生まれ。アウトドア系の旅ライター。徒歩旅行家。国内外を問わず徒歩旅行を趣味とし、これまでに訪れた諸外国は58カ国。サンチャゴ・デ・コンポステーラ巡礼路中の「ポルトガル人の道」と「ル・ピュイの道」合計約1000kmを踏破。ここ数年はフィンランドやノルウェイなど、北欧諸国のクラシック・ロングトレイルを縦走中。山や島、巡礼道など、人と自然の接点を見つめながら、「歩く旅」の楽しみかたや可能性を探る。『山と溪谷』『ワンダーフォーゲル』『明日の友』などの雑誌でも執筆を続けている。著書に『東京発 半日徒歩旅行（ヤマケイ新書）』がある。
ブログ「旅と暮らしの日々」https://apolro.exblog.jp


**東京発 半日徒歩旅行**
**調子に乗ってもう一周！**

YS048

2020年5月1日　初版第1刷発行

著者　佐藤徹也
発行人　川崎深雪
発行所　株式会社　山と溪谷社
〒101-0051
東京都千代田区神田神保町1丁目105番地
https://www.yamakei.co.jp/
■乱丁・落丁のお問合せ先
山と溪谷社自動応答サービス TEL.03-6837-5018
受付時間／ 10:00-12:00、13:00-17:30（土日、祝日を除く）
■内容に関するお問合せ先
山と溪谷社 TEL.03-6744-1900（代表）
■書店・取次様からのお問合せ先
山と溪谷社受注センター
TEL.03-6744-1919
FAX.03-6744-1927
地図協力　株式会社千秋社
印刷・製本　図書印刷株式会社

＊定価はカバーに表示してあります
＊落丁・乱丁本は送料小社負担でお取り替えいたします
＊禁無断複写・転載




Printed in Japan ISBN978-4-635-51056-1


本書に掲載されている各種データは
2020年2月下旬現在のものです